THE BOOK OF
LINES

A 21ST CENTURY VIEW OF THE I CHING, THE CHINESE BOOK OF CHANGES

人類圖
爻線全書

認出隱藏潛力，64閘門與384條爻辭典

謝頓・帕金 *Chetan Parkyn* 著　王冠中 譯

謹將本書獻給卡蘿拉・伊斯特伍德（Carola Eastwood）

她無私地給予神聖的信任，付出愛與支持，

陪伴我一同遊歷這趟充滿驚奇的人生旅程。

有一種音樂，沒有聲音；
靈魂急切渴望這樣的音樂。

有一種愛，無關身體；
靈魂渴望這種不具形體的愛。

有一種真理，沒有形式；
靈魂渴望這種無形的真理。

因此，旋律無法帶來靈魂的滿足；
身體無法帶來靈魂的滿足；
而形式也無法帶來靈魂的滿足。

但這種缺乏滿足，
這種不滿之情，
必須被適當的理解，
因為這樣的理解最終會帶來昇華。

聲音成為通往無聲境界的入口，
身體成為通往超脫形體的道路，
而形式也將轉化為無形。

——奧修（Osho）
節錄自《一杯茶》（*A Cup of Tea*）

目錄

64 個閘門與 384 條爻辭

深入關於你的26條爻辭

能夠作為謝頓‧帕金的事業夥伴和妻子，與他一同經歷人生旅程是我的幸運。更重要的是，我們就如同好友一般，這位俊美又有才華的男子，透過他寬宏的內心、機智與智慧，深深觸動了我的靈魂。這些年來，我越來越能發掘到他對所有人都付出了真摯的愛，同時也將深刻的靈性洞見與智慧傳遞給我們每一個人。謝頓有著很棒的天賦才華，能夠洞悉一個人生命中反映出來的特質，並且以清晰的思緒與精闢的觀點，深深地「觸動」你的內心與靈魂。

十多年來，謝頓每天都付出難以計數的時間，親身實踐他知悉的所有人類圖元素。正是透過這樣試驗、發掘和琢磨的過程，讓他能辨識出人類圖中特定的關鍵元素，作為與他人分享的重要資訊；而就是那些中心要素，能夠確實協助讓一個人的真實本質覺醒。多年來，我觀察著謝頓持續發展和精煉他的人類圖教學內容，傳授給前來求教者，同時也觀察他隨著每一次帶給他人高度衝擊影響的解讀過程，持續精進解讀的藝術，我也因此日漸熱愛他在人類圖的志業。

隨著我們對人類圖日益瞭解，而且他在傳遞人類圖裡眾多層次細微差異的技巧日漸精緻，越來越多人的生命因此開始有了重大轉變。在做了多年占星解讀工作後，人類圖的深度、準確性與影響層面仍舊讓我驚嘆。人類圖有著強大的力量能夠讓人覺醒以理解自身的真實本質，並且協助我們在人生中的所有事務上都更加清晰且有效益。我很驚奇地發現，人類圖裡不僅包含我們有意識的層面，同時也包含了世代傳承下來的無意識層面，而且能夠透過解讀的過程讓人理解。而在將人類圖納入我的生活方式與人際關係之後，更是帶給我許多的收穫與助益。

謝頓的研究有個很重要的部分是探索人類圖其中一項元素，也就是《易經》。透過《易經》，我們能夠瞭解六十四卦以及人類六十四個基因密碼子（genetic codons）所蘊藏的象徵意涵。可以想像的是，古時流傳下來的字句珠璣是相當複雜難解的。謝頓受到啟發來為我們解讀這些符號，讓我們能夠清楚明白自身人生旅程的意義。我已經數不清他做過了多少次的修訂調整，但在過去十二年來，我看著他的用語持續演進，隨著每次修改，都帶來更深刻的洞見，也讓用詞更爲洗鍊。他全心致力於讓《人類圖爻線全書》能夠達到完全反映每個卦眞實意義的境界，而確實，三百八十四條爻線看起來似乎是無窮無盡，因此當他宣布完成時，我眞心感到意外。

在他的第一本書《人類圖，找回你的原廠設定》中，謝頓向我們介紹了人類圖這個發覺自我的藝術與科學。而《人類圖爻線全書》不僅是人類圖的系列書籍，也是一本獨立的書籍，作爲對古老中國《易經》的當代詮釋。《人類圖爻線全書》中的用語，蘊含了非常多層次的個人洞見。運用這本書來解讀你的人類圖中的二十六個啓動閘門和爻線，能夠深入且有條理地勾畫出你與生俱來的樣貌和運作方式。你也可以用這本書作爲諮詢工具，去洞悉生命中任何你希望能夠進一步瞭解的層面，而你從中獲得的解答，將會神奇地直指你的問題核心，讓你對於自身的人生歷程有著更全面的理解。讓《人類圖爻線全書》成爲你書架上的珍藏，一個你在往後的人生中能夠持續參閱的寶藏。

——卡蘿拉・伊斯特伍德（Carola Eastwood）
專業占星師與成功教練

本書概述

《人類圖爻線全書》透過二十一世紀的語言來詮釋《易經》，而且特別適用於人類圖系統。本書是我第一本著作《人類圖，找回你的原廠設定》的系列書籍。

《人類圖爻線全書》也可以作為占卜預測使用，讓人在任何特定時刻都能夠預測或更深刻地體悟自身的人生旅途。

此外，占星師也能運用本書來為我們周遭的特定天體找到更明確的意義，以及瞭解太陽系的行星表現方式。

真理無法以言語表達，但語言能夠帶領你邁向真理 —— 若你願意讓語言帶領你，然後放掉語言的牽絆⋯⋯

如欲取得你的人類圖、免費個人報告或完整個人報告，請上網站：

www.EvolutionaryHumanDesign.com

或手機下載APP：

www.TheHumanDesignApp.com

如欲下載免費的人類圖製圖軟體，請上網站：

www.EvolutionaryHumanDesign.com/free-software

此軟體為微軟視窗軟體。如要在蘋果電腦上使用，需安裝虛擬系統或雙系統。

解碼你的心理靈性基因

　　一九七九年，我在印度第九大城普那追隨靈性啓蒙大師奧修的早期，獲得了一本衛禮賢（Richard Wilhelm）《易經》德文譯本的英文版。我發現自己看著我的「無意識層面」變得清晰可見，因爲一個來自古老文化的抽象語言爲之作了描述，而這種洞悉生命的方式與我熟悉的經歷極爲不同。我爲之著迷，於是展開了斷斷續續的研究，以《易經》做「拋擲」占卜，並且觀察其預言在我的生命中「開展」。這是個非常特別的體驗，研究過或「把玩過」《易經》的人都能體會其獨特之處。

　　由於受到啓發想要更深入地瞭解我自己和我所處的世界，我到孟買拜訪了知名的「影子解讀者」（shadow reader），他預測了許多事，其中包括我會用一生的時間爲人們做解讀。他邀請我跟隨他學習，我則是無知地回絕了，不曉得我獲得的是來自世界知名權威的特別邀約。他告訴我說會有一個系統進入我的生命裡，而我會將這套系統介紹給世界各地的人們，爲他們的生命帶來深遠的影響。他建議我開始練習爲人們解讀，透過任何途徑去找到方法讓人們透過我的洞見來瞭解他們自己。他建議我去探索各種神祕學或其他爲人解讀的工具，當「新系統」出現在我生命中時，我就會是以準備好的姿態去迎接。

　　追隨啓蒙大師奧修的日子總是會帶來全面的轉變，不到一週的時間，我就遇到了知名的印度手相師教導我如何看手相，因此展開了我爲人解讀的多年歷程，包括手相、面相、塔羅、占星、盧恩符文、茶葉，以及其他許多探索每個人生命的方式。那些年裡，我一直都把《易經》放在心中，因爲它提供了一個讓我能夠把感受與體驗轉化爲文字語言的方式。

　　一九九三年，一位老朋友把我的人類圖寄給我，我立刻就知道這就是大師當年預言的新系統。我在各種神祕學系統中所做的研究與學習都是爲此作準備，於是我開始熱切地投入人類圖的領域之中。

　　人類圖是由名爲拉・烏盧・胡（Ra Uru Hu）的加拿大人，於一九八七年一月在非常艱困的處境中「被下載」的知識系統。我用「被下載」這個詞而不是「傳輸」，因爲拉是被他所描述的「聲音」強迫接收此系統的資訊。拉的「下載」歷經了八天八夜，而且聽起來一點都不有趣。他描述那個給予他人類圖資訊的智慧體，是遠超越他能想像的存在。在「下載」結束後，他發現自己擁有了一個非常令人驚奇的系統，但卻沒有任何指示告訴他要如何處置！

人類圖系統融合了四種古老的智慧傳統以及兩種現代科學。古老的智慧包括（西洋）占星學用來找出地球附近星體的位置與意義、卡巴拉生命之樹的通道知識、脈輪或身體內的能量中心，以及中國的《易經》。現代科學則包含微中子（neutrino）作爲宇宙的微小「信使」，以及人類基因密碼與我們對人類生命體驗的描述。

《易經》的六十四卦與人類基因的六十四個基因密碼子直接對應，是由德國醫師馬丁‧申柏格（Martin Schonberger）在一九七三年所確立〔參閱《易經與基因密碼：隱藏的生命之鑰》（*IChing and the Genetic Code: The Hidden Key to Life*）〕。因此，若你能理解《易經》卦象代表的意義並且知道如何陳述，那麼你也會理解且確實「解讀」任何人的心理基因組成。你的人類圖密碼裡包含了古人流傳下來的經驗與智慧結晶，而這一切就植入在你的「心理靈性基因」當中。透過瞭解你的獨特基因組成，並且透過清晰的語言來描述，你也就取得了自身的生命之鑰。

本書是多年研究《易經》的成果，經過多次改寫與調整，找到清晰的用詞來陳述《易經》中眾多的細微差異，同時也忠實呈現出我們與生俱來的基因特質！

如何使用本書？

《人類圖爻線全書》刻意以「箴言」、「心印」或「概念思緒」的模式來撰寫，成爲與人類本質的特定部分相結合的文句。如果你能開放地接收，允許這份知識「進入」你的覺察意識裡，那麼這些「概念思緒」的敘述就能引導你深入瞭解自己和身邊的人。

六十四卦被證實與人類基因的六十四個基因密碼子完全對應。《人類圖爻線全書》透過相關的文字敘述引起人們的共鳴，讓我們能有這個可能性去體驗感受個人基因的各個特定層面。

請將這些爻辭的敘述視爲「觸發因素」或「關鍵鑰匙」，用來引導我們內省、沉思或冥想，或者至少是作爲搭配內省與沉思時使用，而非只當作一些表面資訊來看待。

我們生來是要體驗生命的各種面向，而《人類圖爻線全書》能夠讓你觸及自身固有的本質，感受你眞實的樣貌，瞭解你來到這世界上要活出的狀態，並且探索自身發展演進的方式。你會注意到大部分的爻辭都是刻意以現在式撰寫，而且是直接以你爲對象來做陳述。

如果你還沒有自己的人類圖，你可以透過 **www.EvolutionaryHuman Design.com** 網站免費取得你的人類圖。你可以選擇下載免費的軟體，或者直接在網站上輸入你的出生資訊（出生日期、地點、時間），你的個人報告將會寄送到你的電子郵件信箱，報告中也會包含你的人類圖。

如何閱讀人類圖中的爻線

如果下方範例的細節，第一眼看起來太過複雜，請放心，就算不瞭解這裡所描述的所有細微差異，你依舊能夠從書中取得你生命運作的意涵。繼續閱讀下去，你就會看到簡易的說明，解說如何運用這本書來作爲指引，協助你瞭解自身生命體驗中更廣闊的層次。

以下範例是其中一組相鄰的書頁，以及書頁中的各個部分：

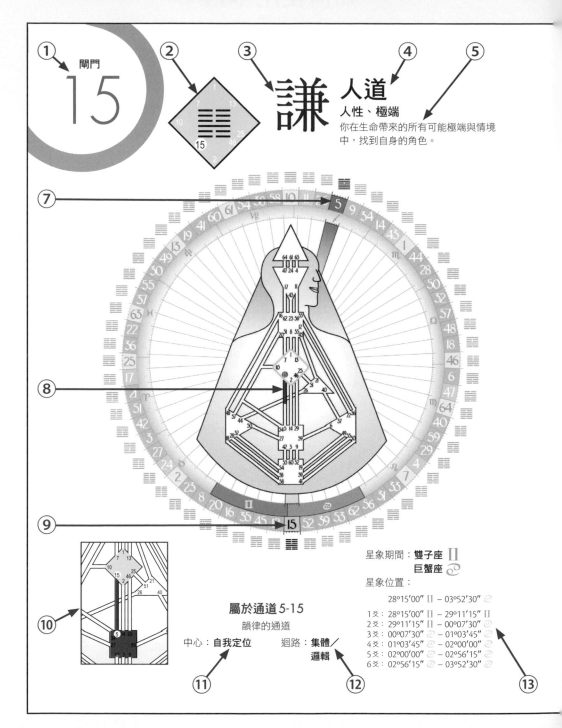

① 閘門
15

② (卦象圖 15)

③④ 謙 **人道**
人性、極端
你在生命帶來的所有可能極端與情境
中，找到自身的角色。

⑤

⑦

⑧

⑨

星象期間：雙子座 ♊
巨蟹座 ♋

星象位置：

屬於通道 5-15
韻律的通道

中心：**自我定位**

迴路：集體／
邏輯

⑩

⑪⑫

28°15'00" ♊ – 03°52'30" ♋
1爻：28°15'00" ♊ – 29°11'15" ♊
2爻：29°11'15" ♊ – 00°07'30" ♋
3爻：00°07'30" ♋ – 01°03'45" ♋
4爻：01°03'45" ♋ – 02°00'00" ♋
5爻：02°00'00" ♋ – 02°56'15" ♋
6爻：02°56'15" ♋ – 03°52'30" ♋

⑬

在社會的各個層面都有朋友和熟人，
暗示著你可能很難有依附關係，或者很難被任何人控制。
（閘門15普遍存在所有生命形式中。）

索然無趣
空虛 <> 極端主義者 ⟶ 磁力 ⟶ 繁盛興旺

15.1 謙遜：擁有自律能夠提升所有的生命議題。
你可能維持對自身本質與需求的感受力，或者因缺乏安全感而顯得不謙遜。
♀：尊重所有關係的和諧，讓你能促進任何群體的凝聚。
♂：急著展示與宣揚你的個人成就，可能會疏離了他人。

15.2 堅持不懈：透過維持你的誠摯與正直來找到寬慰。
你的謙遜以及你的極端行為，對他人有深刻的影響。
☉：你有力量接受自身的獨特行為，作為生命之流中的自然狀態。
⊕：透過比較你的極端行為與他人的溫和行為，設法促成結果。

15.3 沉穩：堅定地承諾完成你所啟動的事物。
在不主張自身優越性的情況下成就事物，會影響你整體人生的品質。
⊕：完成所有任務，但在成就中，你仍保持低調。
☿：你有可能會強調自身相對於他人及其行為的優越性。

15.4 回歸核心：在你的生命中克制任何未反映愛的極端行為。
有愛且順應生命之流，需要你經常檢視自己的內在指引。
♃：以符合你的最高理念的方式，謙遜地達成你的最佳狀態。
♄：固執己見地堅持你自己的方式，笨拙地奮力要達成目標。

15.5 夥伴關係：與所有在極端地位者的需求同調。
你引導經驗較少者度過艱難的情境，可能是透過美德善行，或者透過自以為是的無禮方式。
♃：你的領導特質能夠處理生命中的亂流，同時仍保持謙遜。
☋：對那些能力不如你的人強加任何推力，最終會導致他們的疏離。

15.6 評論：透過為自身生命的情況負責來立下典範。
透過接納並賞識自身的本質，你會在生命中找到一條模範的道路。
☋：你能夠在任何時刻負起責任來引導所有的情況，並且是以謙遜的態度進行。
♀：在所有尋求和諧的互動過程中，當有事情出了錯，你可能會怪罪他人。

① 閘門數字　　　　　　　⑧ 閘門在人類圖中的位置

② 卦象符號　　　　　　　⑨ 閘門在曼陀羅上的位置

③ 中文卦名　　　　　　　⑩ 閘門所在的通道

④ 閘門名稱　　　　　　　⑪ 閘門所在的能量中心

⑤ 閘門意義　　　　　　　⑫ 閘門所在的迴路

⑥ 註解　　　　　　　　　⑬ 爻線的星象度數

⑦ 組成通道的另一端卦　　⑭ 閘門之1爻至6爻的爻辭

　　每個閘門都有個數字：①，以及一個卦：②，卦是由「爻線」所組成。爻線可能是實線：————，描述為「陽」、雄性、向外、創意能量。爻線也可能是虛線：—　—，描述為「陰」、雌性、向內或接受性。

　　每個卦都有個對應的中文卦名：③。

　　每個閘門都有個名稱：④，還有其意涵：⑤，簡短描述該閘門如何運作。另外還有註解：⑥，描述其對世界更廣泛的影響。

　　每個閘門在人類圖中都有特定的位置：⑧。

　　每個卦在曼陀羅上都有特定的位置：⑨，而且有潛能和另一個卦接通：⑦。當這兩個卦都啟動時，就會在人類圖中形成「有定義的」通道：⑩。

　　每個閘門都位在九個能量中心的其中之一：⑪，而且都隸屬人類圖裡的其中一個主要迴路：⑫。

　　每個閘門都對應一個卦，每個卦在天空中、在我們周遭的星野中都有個特定的位置，可以用明確的星象度數以及分秒來呈現：⑬。

　　每個閘門有六條爻線，而每條爻線都有明確的描述以及在生命中要扮演的角色：⑭。最後，閘門中的每條爻線也對應卦象、星野角度和基因密碼子，組成我們的意識形式。

如何將閘門與爻線的敘述應用於人類圖中

　　每個人類圖都有兩組星體位置的計算，包括太陽、月球、月之南北交點，以及太陽系中的各個行星。該計算結果是以卦象和爻線數字來記錄。以下是「有意識」和「無意識」太陽 ☉ 與地球 ⊕ 的範例：

	無意識		有意識
41^1	$\odot$		3^5
31^1	$\oplus$		50^5

其中一組是以出生當下的時間做計算，這組卦象和爻線數字是以「黑色」做記錄，顯示這是我們的本質中「有意識」的層面，是我們會認知到的自己。

第二組是以出生前的太陽軌跡88度角來計算，大約是出生前三個月，我們還在母胎中的時候。這組卦象和爻線是以「紅色」做記錄，顯示這是我們本質中「無意識」的部分。早產或晚產也都採用相同的計算方式。

「傳統上」這個「無意識」層面都是透過心理分析、催眠或其他形式的療法來探索。紅色「無意識」層面資訊的重要性在於，它與基因遺傳有關，是來自我們的父母、祖父母、以及至少四代的先人，而透過人類圖，這部分立即清楚可見。透過檢視人類圖可以得知的是，我們能夠直接看見自身的「基因遺傳」。這並不是說任何天賦或貧乏的個人態度都是「因為祖先的關係」，但它確實把我們帶到了新的層次，讓我們更加瞭解自身的人生旅程，對於自己在生命中的狀態能夠更有覺察意識。

閱讀閘門與爻線

在前面關於意識太陽 $\odot$ **3^5** 的範例中，我們會閱讀**閘門**3**爻線**5（即第29頁的3.5）。

下面的段落取自本書第28～29頁，首先是閘門的意義與註解，然後是爻線5的敘述：

閘門3：開端：執行新事物：擺脫陳舊方式並使觀點清明，需要堅持不懈與組織原則。傳統不會輕易向新穎、未知且未經試驗的事物讓步。

閘門3的意思告訴你說，你所在的生命正與傳統脫鉤，並建立新的且未經試驗的道路。以下是閘門3爻線5的完整敘述，但並不一定全部都會與你的生命相關。

3.5　詮釋：在執行新秩序時，與預期的結果做切割。

在組織任何新事物時，你的意向有遭到錯誤解讀的可能性。

♂：你堅定的個人立場能夠經受住任何分歧意見，並且建立秩序。

⊕：當你試圖調解他人的問題時，很容易會陷入困惑。

由於該爻線是被意識太陽 ☉ 所啟動，因此我們只閱讀前兩行（如下），而不會閱讀和火星 ♂ 或地球 ⊕ 特定相關的敘述。

3.5　詮釋：在執行新秩序時，與預期的結果做切割。

在組織任何新事物時，你的意向有遭到錯誤解讀的可能性。

閘門3爻線5的意思顯示出，你在生命中執行新的舉措時，無法預期事情的確切結果，也不能期待每個人都會感激你的作為。你可能會發現自己要「走一步算一步」，並且希望自己能夠「僥倖成功」。

******

在這個例子裡，意識地球 ⊕ 的部分，我們要閱讀**閘門50爻線5**（即第123頁的50.5）。首先：

閘門50：價值觀：穩定性：尊重智慧並為價值觀負責，為地方社群與整體社會帶來了豐盛。透過負責維持並提倡有益的價值，將靈性與世俗的力量結合。該價值包括傳統的價值或創新的價值，但都要與任何情境的重要需求相關。

閘門50的意思顯示出，你有責任根據確實的需求，為身旁的人們維護價值。

接著：

50.5 提升：維持警覺以辨別哪些價值觀最有助益。

你能辨識抑或忽視價值觀與服務眾人的行為之間的相互關係。

♄：面對改變的壓力時，你有足夠的智慧堅守著適當的價值觀。

♂：在匆忙投入生命之際，你可能忽視了能夠服務自身與他人的真正價值觀。

由於該爻線是由意識地球 ⊕ 啟動，因此我們僅閱讀前兩行，而不閱讀與土星 ♄ 或火星 ♂ 特定相關的敘述。

閘門50爻線5的意思顯示出，你對改變的價值觀有所警覺，而且可能從你認爲「對的」價值觀，轉移至在特定情境中確實能服務眾人的價值觀。

******

在無意識太陽 ⊙ 方面，我們要閱讀**閘門41爻線1**（即第105頁的41.1）。首先：

閘門41：想像力：評估潛能：生活在有限的資源裡，讓夢想與幻想浮現。在追尋實現滿足時，你會探索任何可能的體驗，推動你經歷從空虛走向成就的循環。作夢會開啓體驗的大門，帶來滿足與實現，或者帶來自給自足的無盡幻想。當我們愛上空虛時，便創造了存在感。

接著：

41.1 節制：在施與受之間找到平衡。

在處理要如何運用自身能量的問題時，你可能很沉穩清晰，也可能很剛愎固執。

♆：你有創意的想像力，會以有益自身與他人的方式運用資源。

☿：對自身的角色和資源有所混淆，導致你在努力的初期便陷入困境。

無意識閘門41的意思指出，在無意識的底流中，你有著鮮明的想像力，能夠去探索生命中的眾多可能性，其中有些可能會成為現實，有些則只會是幻想。

無意識閘門41爻線1指出，作為無意識的底流，你需要在你能夠實際預期提供的事物，以及你從生命中接收的事物之間，找到快樂的媒介。

******

在無意識地球 ⊕ 方面，我們要閱讀**閘門**31爻線1（即第85頁的31.1）。首先：

閘門31：影響力：「我領導……因為……」：相互的吸引力以及為相互連結做好準備，讓你能夠表達你天生的影響力。你有潛力提供指示與引導，讓你和他人貼近未來願景。透過你對現實的獨特洞見來與人連結是很重要的。

接著：

31.1　開放：找到真摯誠意，允許你自己展現影響力。

你能夠透過簡單的方式或透過牽強的方式來表達你的理想。

⊙：你透過和自身內在的目標清晰同調來展現你的領導力。

⊕：在試圖建立有影響力角色的過程中，你可能向地位靠攏，而非貼近理想。

無意識閘門31的意思指出，在無意識的底流中，如果你允許並且保持忠於自身本質的話，你會散發出一種氣息，讓他人想要把注意力放在你身上。

無意識閘門31爻線1有一部分與地球 ⊕ 特定相關，因此我們會閱讀第一行的敘述（藍色），然後再閱讀地球 ⊕ 符號該行的敘述：

第一行（藍色）指出，你有著無意識的底流，隨著時間成長，你會越來越能夠認知到每個人都把注意力放在你身上，因為你的所作所為會影響到他們。

無意識地球 ⊕ 啟動顯示出，作為無意識的底流，你傾向感興趣的事物是去影響或維護身邊明顯的階級架構秩序。

......你在自己的人類圖裡所有的閘門和爻線都這麼做，逐一慢慢地閱讀，並且留意每個句子或措辭傳遞給你的感受，包括你有意識的部分和無意識的部分。

- **當爻辭以藍色呈現時**，顯示出這條爻線所蘊含的潛在智慧會在一生的過程中逐漸發展和成長。
- **當爻辭以黑色呈現時**，顯示該意涵所呈現的特質會從一出生就開始展現。
- 部分爻辭會在冥王星（♇）或海王星（Ψ）這兩個運行最緩慢的行星上 標示紅色反白 ，顯示出目前（2012年）活著的人當中（以「正常」壽命來看），沒有人的人類圖裡有這項啟動……。這些行星啟動的爻辭僅適用過去或未來的世代，而且是那些年代相關的「世代影響」。
- 部分爻線會 標示黃色底色 ，顯示海王星或冥王星最近啟動過或者非常接近要啟動這爻線，這是許多年來的第一次（冥王星是248年，海王星是165年）。

融入《基因天命》作為註解

閘門註解區塊裡的**綠色文字**，是取自理查·拉得（Richard Rudd）的著作《基因天命》（*GeneKeys, Unlocking the Higher Purpose Hidden in Your DNA*）（www.Genekeys.co.uk）。

理查檢視了他所謂的「天賦」，並且針對與每個卦／基因密碼相關的意識做了描述，從低層級的頻率（**內向＜＞外向**）到高層級的頻率（**天賦，終至悉地成就**）。

帶領我們從低層級頻率達到實現成就的「天賦」或觸發識別，是每一列文字的第三個詞。

位在每個基因密碼的「**內向**」＜＞「**外向**」低層級頻率範圍上方的敘述，是理查所謂的「**陰影**」元素，會在我們對意識成長與進化的期望中牽制我們。

例如：

閘門2：接收（參見第27頁上方區塊）

錯位
迷失 <> 嚴控　⟶　定向　⟶　合一

從低層級頻率（內向）迷失或（外向）嚴控，帶著錯位感的陰影……透過啓動定向的天賦，你能夠實現合一（悉地成就）。

行星符號與其能量影響

你不需要懂占星學，只需對以下這些行星符號有些概念即可：

☉：**太陽**（恆星）：動態生命能量、身分認同、生命目的。

⊕：**地球**：立基之地、接受性、身體。

☾：**月球**（衛星）：反思、感覺記憶、過去。

☊：**北交點**：你的新方向與當前的生命目的。
　　（這些交點是太空中的位置，並非行星。）

☋：**南交點**：你過去的人生方向與要學習的課題。

☿：**水星**：與環境的連結、溝通。

♀：**金星**：愛、美、撫慰、關係、陰柔特質、道德。

♂：**火星**：活動、戰爭、侵略、進展、生存的動力、性。

♃：**木星**：擴張、更高的學習、哲學本質。

♄：**土星**：生命課題、架構、因／果、陰暗面。

♅：**天王星**：覺醒、劇烈的改變、更高的意識。

♆：**海王星**：無條件的愛／困惑／妄想、神祕層次。

♇：**冥王星**：轉變、更高層次的死亡與重生。

64個閘門
與
384條爻辭

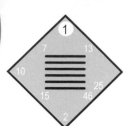

乾 創造

創意的自我表達

創意和宇宙的自然擴張同調。

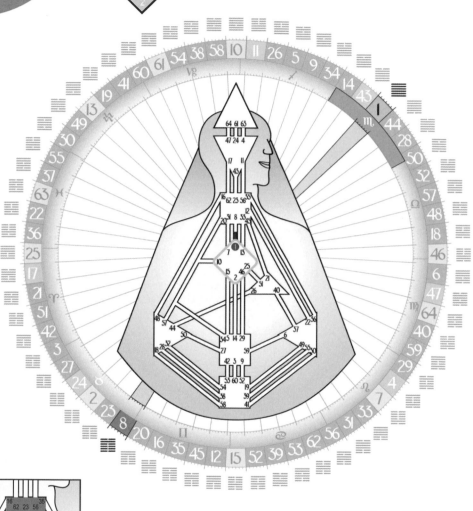

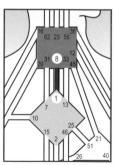

屬於通道1-8

靈感：創意典範

中心：自我定位　　迴路：個體／
　　　　　　　　　　　　知曉

星象期間：**天蠍座** ♏

星象位置：

　　　　　13°15′00″ ♏ – 18°52′30″ ♏

1爻：13°15′00″ ♏ – 14°11′15″ ♏
2爻：14°11′15″ ♏ – 15°07′30″ ♏
3爻：15°07′30″ ♏ – 16°03′45″ ♏
4爻：16°03′45″ ♏ – 17°00′00″ ♏
5爻：17°00′00″ ♏ – 17°56′15″ ♏
6爻：17°56′15″ ♏ – 18°52′30″ ♏

1.1　不帶動機的純粹創意：擁有創意的天賦。

你的自我表達通常是衝動的，但亦不費吹灰之力地渾然天成。

☾：反映了月亮的陰晴圓缺，你的自我表達也有自然的呈現時機。

♂：創意才華難以駕馭。培養耐心對你極為重要。

1.2　自然和諧：順應普世真理。

創意作為自然的表達，總是受到你的個人目的所主導與改變。

♀：創意的自我表達因納入你的渴望與價值觀而受到強化。

♂：當你只表達渴望與熱情時，你的完整創意潛能可能因此受限。

1.3　創意衝勁：運用你的最佳能力。

你的創意難以控制與引導，而且會受到物質上的考量所影響。

♂：你在生命的所有領域推動自我表達，無視任何限制。

⊕：物質主義必定會影響你的創意品質。勤奮努力很重要。

1.4　獨處的藝術家：在創造過程中找到自我。

個人創意的流動，帶領你進入與存在的親密接觸。

⊕：在不受外在影響的情況下，你的創意會有最好的發展與成果。

♃：試圖透過你的創意直接影響他人，實際上會限制自身創意的潛能。

1.5　有吸引力的創意：有方法透過你的創意追求讓人著迷。

你的創意讓人難以忽視，即使沒人瞭解究竟是怎麼回事！

♂：你在生命的所有層面都散發出創意氣息，自然而然地讓人著迷。

♂：古怪行徑或許會引來注意，但終究會限制你的真實創意潛能。

1.6　「空心竹」：藝術家只是存在之歌傳遞的媒介。

不論你是否能欣然接受這概念，但創意是獨立的資源，而藝術家只是媒介。

⊕：透過冥想與超脫狀態，你能為最自由的創意表達賦予形式。

☋：自我意識與嚴肅性可能導致你在創意努力中感到挫折。

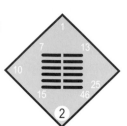

閘門

2

坤 **接收**
引導

無形且有時無法解釋的內在指引所存
在的自然連結。

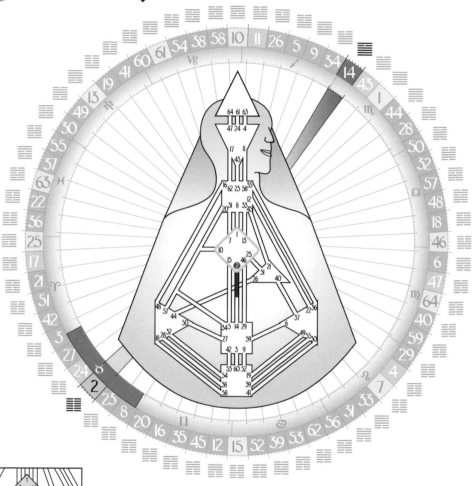

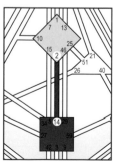

屬於通道 2-14

煉金士的通道

中心：**自我定位**　　迴路：**個體／
知曉**

星象期間：**金牛座 ♉**

星象位置：

	13º15'00" ♉ – 18º52'30" ♉
1爻：	13º15'00" ♉ – 14º11'15" ♉
2爻：	14º11'15" ♉ – 15º07'30" ♉
3爻：	15º07'30" ♉ – 16º03'45" ♉
4爻：	16º03'45" ♉ – 17º00'00" ♉
5爻：	17º00'00" ♉ – 17º56'15" ♉
6爻：	17º56'15" ♉ – 18º52'30" ♉

接收性提供了方法去找到穿越生命的道路，
與高我一致且受高我的引導。
擁有接收性也確立了知識與知曉之間的明確差異。

錯位
迷失 <> 嚴控 ──→ 定向 ──→ 合一

2.1　清晰視野：接受符合存在之美的指引。

透過欣賞生命的美好與脆弱，能帶來你的內在覺知。

♀：你透過對生命的感受性，趨近更崇高的理想。

♂：儘管擁有天生的智慧，但你仍試圖強求預想的結果。

2.2　擁有天分：與聰明才智的自然連結常常無法用邏輯來解釋。

你與內在覺知感受的連結，超越了任何累積的知識。

♄：你擁有天生的覺知天賦，遲早必會受到認可。

♂：由於缺乏提升卓越的能力，你會傾向透過你的知識來尋求力量。

2.3　耐心的覺知：認知到生命永遠都會帶來學習的課題。

符合自身獨特方式的運作，會在你的完美時機帶來特別的獎賞。

♃：透過擁有接收性，你學會就生命帶給你的每個可能體驗做出調適。

☋：你的靈感啟發以及強大的覺知感受是很衝動的，而且經常要求對外展現。

2.4　隱藏：知道許多，但僅揭露必要的部分。

普世且可學習的知識是存在的，但有些事物不可能清晰傳達。

♀：有時在和諧的最高利益下，你的知識是不需要對外傳達的。

♂：你有著無法保持沉默的傾向，有可能會造成騷亂。

2.5　策略：等待行動的有利時機。

你和生命帶來的所有資產有著相互的連結，不論他人是否需要納入其中。

☿：當準備好提供指引時，你會清晰地溝通，並且有智慧地使用所有可取得的資源。

⊕：自我中心的運作，使你忽視了他人以及他們潛在的貢獻。

2.6　心思被占據：狹隘視野限制了你完全擴展的能力。

不論你是否能擁抱這觀點：創意是獨立的資源，藝術家只是媒介。

☿：你的頭腦從來都無法確知，因此放輕鬆信任你自身的權威是絕對必要的。

♄：「安全」可能變成一切的藉口或「理由」，甚至會背叛你自身的理想。

屯 開端
執行新事物
擺脫陳舊方式並使觀點清明，需要堅
持不懈與組織原則。

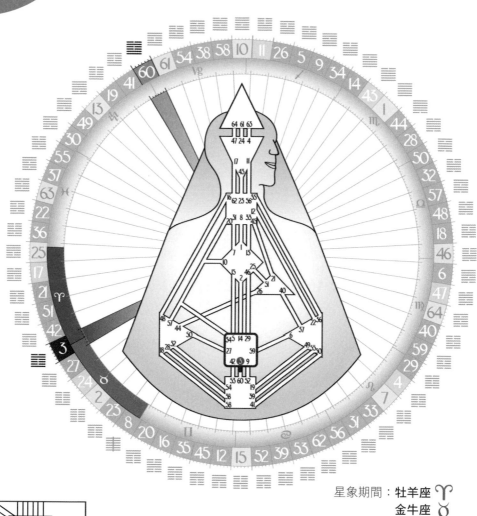

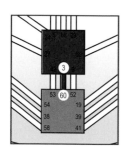

屬於通道3-60
突變的通道
中心：薦骨　　　迴路：個體／
　　　　　　　　　　　知曉

星象期間：牡羊座 ♈
　　　　　　金牛座 ♉
星象位置：

　　　26°22'30" ♈ – 02°00'00" ♉
1爻：26°22'30" ♈ – 27°18'45" ♈
2爻：27°18'45" ♈ – 28°15'00" ♈
3爻：28°15'00" ♈ – 29°11'15" ♈
4爻：29°11'15" ♈ – 00°07'30" ♉
5爻：00°07'30" ♉ – 01°03'45" ♉
6爻：01°03'45" ♉ – 02°00'00" ♉

3.1 有條理：擁抱你眼前的全景。

你客觀公正的重新檢視，能夠釐清困惑，而不是一味地擔心和焦慮。

⊕：由於相信困惑終會釐清，因此你把目光放在所有可能的結果上。

☿：頭腦混沌狀態會迫使你去嘗試許多無條理且分散的努力。

3.2 成熟：勤奮地運用。

相信你自身的進化，或者傾向依賴他人的建議和方法。

♂：如果你信任自身的方式，你有潛能可讓個人成長與成熟。

♁：胡亂地信任或無視他人的建言，會導致你個人的不穩定。

3.3 仔細檢視：找出什麼行得通、什麼行不通。

透過你對進化法則和時機的認知理解，會帶來生命的繁盛。

♀：當你尋求最有能力且最有意願的協助，會較容易帶來新的方式。

☋：如果你無視「適者生存」的法則，你的理想終將受挫。

3.4 關連：和你真實的人生目的重新校準。

你的自我肯定與信任，抑或缺乏肯定與信任，會帶來或者排拒有價值的指引和夥伴。

♆：你對他人的真誠同理會帶來鼓勵，並確保新的秩序。

♂：如果你在尋求滋養和指引上缺乏耐心，你通常會遭到拒絕。

3.5 詮釋：在執行新秩序時，與預期的結果做切割。

在組織任何新事物時，你的意向有遭到錯誤解讀的可能。

♂：你堅定的個人立場能夠經受住任何分歧意見，並且建立秩序。

⊕：當你試圖調解他人的問題時，很容易會陷入困惑。

3.6 展期：在所有新的努力當中，切記要持續重新校準你的視野。

當條理和秩序被遺忘時，總會有陷入恐懼和絕望的可能性。

☉：你有著內在的理解之道，秩序的運作過程會以其自身的方式展現。

☋：忘卻了你的清晰意向，可能導致你陷入困惑，甚至抑鬱沮喪。

蒙 解決問題
追尋解答

承認對處理問題的經驗不足，會帶來
找出正確解決方案的可能性。

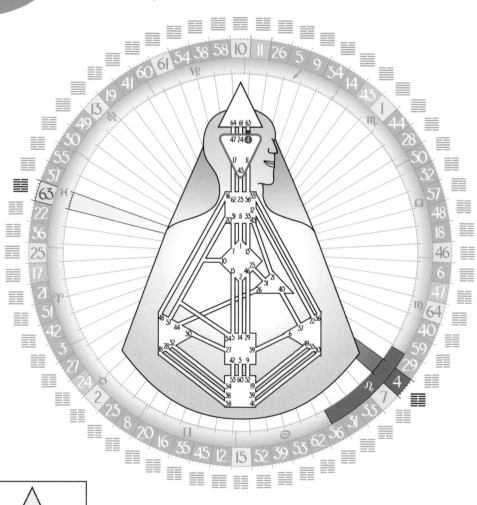

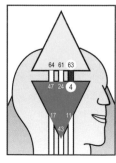

屬於通道63-4

邏輯思考的通道

中心：**心智**　　迴路：**集體／
邏輯**

星象期間：**獅子座** ♌
星象位置：

18°52′30″ ♌ – 24°30′00″ ♌

1爻：	18°52′30″ ♌ – 19°48′15″ ♌
2爻：	19°48′45″ ♌ – 20°45′30″ ♌
3爻：	20°45′00″ ♌ – 21°41′45″ ♌
4爻：	21°41′15″ ♌ – 22°37′00″ ♌
5爻：	22°37′30″ ♌ – 23°33′15″ ♌
6爻：	23°33′45″ ♌ – 24°30′00″ ♌

迅速提出解決方案未必能真正解決問題，也未必能帶來持久的滿足感，
因為大部分由頭腦提出的解決方案，頂多只是部分適用而且效果短暫。

偏狹
冷漠 <> 偏執 ⟶ 理解 ⟶ 寬仁

4.1 學習：良好的時間感是種天賦，能夠強化所有的解決問題過程。

你一直在學習精進辨別提供解決方案構想的適當時間與地點。

☾：認知到當你需要時，便能夠取得深度的解決方案。

⊕：你傾向忽視解決問題的自然時機，逕自執行解決方案。

4.2 仁慈：瞭解到每個人都有他們的強項和弱點。

邏輯可以透過許多方式來運用，你可能會讓他人參與你的理解，也可能不會。

☾：你瞭解到並不是每個人都能夠理解你的觀點。

♂：在匆忙之中，你有時可能會利用他人的遲緩和混亂來占上風。

4.3 粗心：熱愛解決方案，但卻未必能真正解決問題。

如果你允許的話，懶惰的頭腦會採用最簡單的解決方案，而不是最切題的解決方案。

♀：你有可能採用解決方案來做表面功夫，而不是有效解決問題。

☋：任何想要減少責任的傾向，都會讓你難有成就。

4.4 正當性：忙著運轉的腦袋總會以某種方式為所有的事物找到答案。

你能夠為任何情境驗證解決方案，有時甚至超越一般的邏輯範疇。

☉：你能為任何想得到的生命情境找到公式，不論該公式是否實際。

♄：如果你試圖把頭腦中的解決方案構想運用在所有的事物上，一旦行不通的時候就會讓你很挫折！

4.5 開明：透過開放接納任何的資源來解決困難。

你有著解決問題的天賦，有時能夠消除其他人缺乏理解能力所帶來的狀況。

♃：你在解決問題上的聰明才智能夠教導給他人。

☋：如果你必須調整自身的解決方案以符合他人的認可，你可能會因此很憤世嫉俗。

4.6 聰明：如果你覺得自己的解決方案構想禁得起考驗，要小心「聰明反被聰明誤」！

除非很自律，否則你的腦袋總會試圖想要用它的解決問題機制來主導人生。

☿：心智層面的自律，來自你的耐心、覺察和應用實驗。

♂：你可能很自負，儘管你意識到自己的解決方案構想有缺陷。

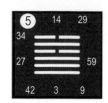

霈 等待
普世時機

生命的每個層面都有其儀式、順序與時機，包含天生的與強加的。

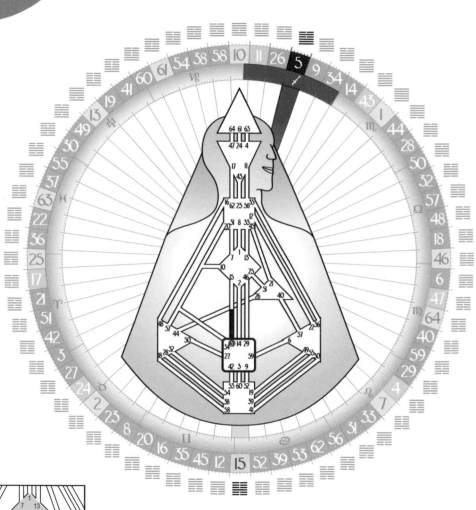

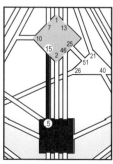

屬於通道 5-15

韻律的通道

中心：薦骨　　迴路：**集體／**
邏輯

星象期間：**射手座** ♐
星象位置：

　　　　　11°22′30″ ♐ – 17°00′00″ ♐

1爻：11°22′30″ ♐ – 12°18′45″ ♐
2爻：12°18′45″ ♐ – 13°15′00″ ♐
3爻：13°15′00″ ♐ – 14°01′15″ ♐
4爻：14°01′15″ ♐ – 15°07′30″ ♐
5爻：15°07′30″ ♐ – 16°03′45″ ♐
6爻：16°03′45″ ♐ – 17°00′00″ ♐

透過與自然的四季變換同調，園丁在任何情況下都能感到自在。
在他人的時間架構下工作可能會帶來困難。

急躁
悲觀 <> 衝勁 ⟶ 耐任 ⟶ 永恆

5.1 調諧：持續留意自身的內在時機。

生命充滿令人分心的事物，會讓你偏離與生俱來的自然步調。

♂：你專心致志要維持自身的固定韻律，無論有何分心事物。

⊕：未能遵循自身的步調，屈服於被強加的要求，導致你精疲力竭。

5.2 找到平靜：留心等待自身的正確時機。

所有的行動都有適當的時機，而你可能安於等待，或者不安於等待。

♀：信任自身的本質，安於你在生命所有領域中的自然步調。

☋：亟欲轉變，使得你對固定韻律感到焦慮，因而造成擾亂。

5.3 感到緊張：當事情似乎沒有進展時，有可能變得焦慮。

所有的等待都意味著可能帶來無助感，促使你在沒有清晰動機的情況下採取行動。

♆：你的想像力緩和了例行事務的枯燥感，並且紓解了等待的壓力。

☾：經常性的焦躁難安，擾亂了你的內在時機，使你變得不謹慎。

5.4 等待時機：耐心讓你能保持開放態度，進而找到有價值的機會。

觀察普遍的情況並衡量你的選項，直到機會出現。

☊：你能撐過不安的時期，並且透過自身的創新方式來回應生命中的每個情境。

☉：試圖推促生命的步調，你會因而失去自然發展所帶來的機會。

5.5 內在平衡：純真地接受生命的韻律，是存在極為重要的特質。

能看見生命帶給我們的一切是種喜悅，抑或如果你堅持生命應該要帶來更多，那就會成為挑戰。

♀：你的內在平靜與信心能接納生命帶給你的任何事物。

☋：你可能忽視了在單純的事物中尋找喜悅，反倒去要求改變。

5.6 釋放！：透過對普世秩序的信任，放掉任何與等待相關的壓力。

在所有的成長中都有壓力。遵循自然的韻律能讓你準備好做出回應。

♆：透過接受你的自然時機，儘管面臨壓力，成長通常會展現美好恩典！

♀：你通常很難釋放舊有的慰藉、生活方式與關係。

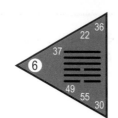

訟 **衝突解決**

情緒平衡

透過客觀公正地觀察情緒的變化，便
能察覺任何時刻或情境中的真實需
求。象徵性地或實際地深呼吸。

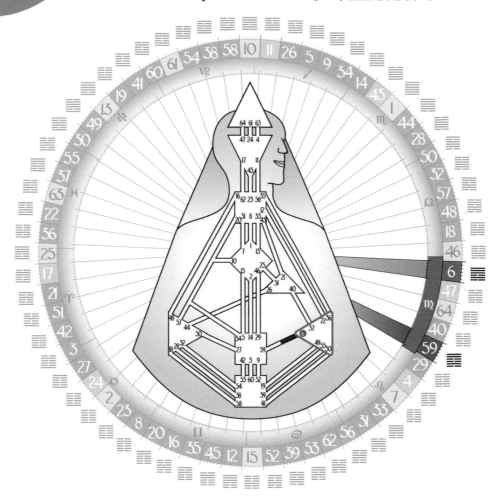

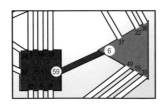

屬於通道 59-6

親密的通道

中心：**情緒**　　迴路：**部落/**
　　　　　　　　　　　防禦

星象期間：**處女座 ♍**
星象位置：
　　　　　22°37′30″ ♍ – 28°15′00″ ♍
1爻：22°37′30″ – 23°33′45″ ♍
2爻：23°33′45″ – 24°30′00″ ♍
3爻：24°30′00″ – 25°26′15″ ♍
4爻：25°26′15″ – 26°22′30″ ♍
5爻：26°22′30″ – 27°18′45″ ♍
6爻：27°18′45″ ♍ – 28°15′00″ ♍

透過與生命的各個層面親密接觸，情緒能夠交織伴隨智慧增長。
身體酸鹼值：酸性與鹼性的內在平衡。

衝突
過度殷勤 <> 不圓融   ⟶   外交（手腕）   ⟶   平和

6.1 協商：解決爭論最容易的時間是在爭論開始之前。

在可能的情緒紛擾下，等待時機通常是最聰明的解決方案。

☋：你擁有情緒的力量以及日益成熟的狀態，能夠在生命中的所有階段投入親密關係。

☿：在親密關係中會有感情上的不安全感，促使你試圖為情緒賦予理性。

6.2 感性：個人的失衡狀態容易爆發衝突。

在所有情緒高張的情境裡，你會在與他人對峙或不與他人對峙的情況中找到解決方式。

♀：透過信任你天生的敏感性，你能達到內在和諧，促成解決方案。

♂：你的敏感本質經常會試圖透過情緒爆發來解決衝突。

6.3 有所保留：透過扮演被動的角色，衝突通常就能解決。

透過帶著警覺做出承諾與打破承諾，達到情緒清明。

♆：你的感覺中所帶有的深度與特質，會讓熱情、結合與親密更加豐盛。

☋：你對各種權力爭鬥都很敏感，因此可能傾向全然拒絕親密關係。

6.4 促進和平：自然且強烈的情緒態度，促成持久的解決方案。

在所有的情緒互動中，你能夠以你的條件輕易地促成結果，不論明智與否。

☉：你能輕易地主導關係，並支持情緒成長的益處。

☋：個人改過革新是能讓你免於在關係中有破壞傾向的唯一途徑。

6.5 圓融得體：將情緒清明與客觀性結合。

你透過自身的中立態度來促進和睦，但自己卻發現要真正的親密很困難。

♀：你對情緒煩亂的所有面向都很敏感，導致你會盡力促成周遭的和諧。

☾：除非你被認為是「對的」，否則你可能會漠視他人的情緒需求。

6.6 好爭論：有能力贏得爭論，並且吸引來新的爭論。

你有本領能化解情緒紛擾，不論那是否對他人有直接的助益。

♀：你在情緒上有著敏捷性，能透過考量到所有相關事物來化解衝突。

♀：你能終結情緒衝突，但通常僅考量到你自身對和諧的需求。

師 統合
找出共同意向

在涉入者之間建立共識並提倡共同利益，因而得以在生命中前進。

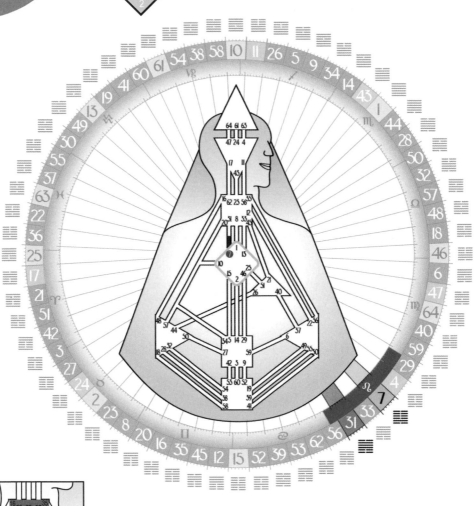

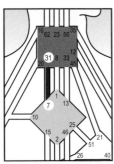

屬於通道7-31

首領的通道

中心：**自我定位**　　迴路：**集體／邏輯**

星象期間：**獅子座** ♌
星象位置：

13°15'00" ♌ – 18°52'30" ♌
1爻：13°15'00" ♌ – 14°11'15" ♌
2爻：14°11'15" ♌ – 15°07'30" ♌
3爻：15°07'30" ♌ – 16°03'45" ♌
4爻：16°03'45" ♌ – 17°00'00" ♌
5爻：17°00'00" ♌ – 17°56'15" ♌
6爻：17°56'15" ♌ – 18°52'30" ♌

> 在邏輯的演進下，獨裁終究會轉化為民主，
> 而民主最終會走向菁英領導。
>
> 分隔
> 隱藏 <> 專橫 ⟶ 引領 ⟶ 美德

7.1 有紀律：有效的協調有賴共同承諾的品質。

透過清楚呈現你的意向來建立秩序，方能達成良好的領導力。

♀：你透過展開友善且有紀律的路線，促進協調與合作。

☿：容易分心的傾向，造成你與任何情境的真實需求脫節。

7.2 沉著平靜：執行任何天生的優勢可帶來回報。

你透過與被帶領者同調或利用他們，來確保自身的領導力。

♆：你天生能激勵人心，因而能讓那些尋求領導的人安心。

☿：一旦當選後，你有可能沉迷於自身利益，因而忽視其他所有議題。

7.3 失序：不願承認階級，或被拉進任何形式的階級中。

你透過扮演許多不同且有差異性的角色，在混亂中找到秩序。

☾：你扮演了許多不同的角色，卻未必能找到一個持續一致的角色。

☿：你可能抨擊任何事物的目的，藉此編造理由以逃避做出承諾。

7.4 解除：最廉正的領導者知道何時以及如何退位。

你對自身的領導能否最好地服務他人有很務實的態度，也可能沒有。

☉：你在領導中的強項之一，就是能夠辨別最佳的退位情況。

♂：你不願意停止前進，最終將導致你遭到摒棄。

7.5 引導：在有需要的時刻，有信心和能力指引他人。

作為整體的指揮官，你在言語和行動上的清晰溝通是至關重要的。

♀：透過尊重受領導者，你有能力吸引並維持忠誠。

♆：當你未能聚焦在當下的實際需求時，你會變得孤立且無能。

7.6 菁英領導：依照能力分配責任與指引。

你在善加運用資源的同時仍能保持彈性，或者變得不願意失去個人的控制權。

☿：你溝通責任的方式，會讓每個人都有參與感以及感到受賞識。

♂：如果你曾經把責任當作責備來溝通，你會破壞共同意向。

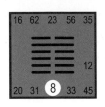

閘門

8

比 貢獻

團結

啟發信任並提供可能的出口給懷抱並
創造新穎概念與理念的人。

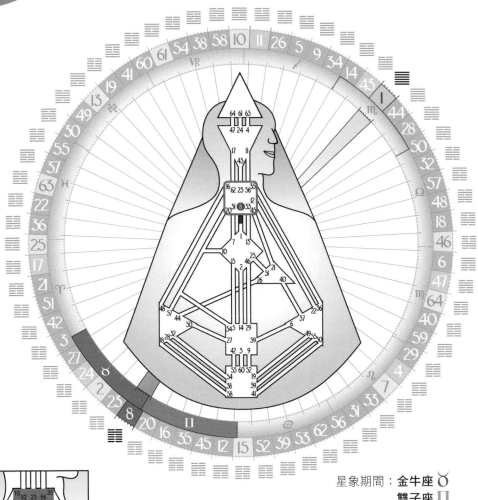

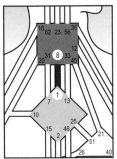

屬於通道1-8

靈感：創意典範

中心：喉嚨　　迴路：個體／
　　　　　　　　　知曉

星象期間：**金牛座 ♉**
　　　　　雙子座 ♊

星象位置：

　　24°30'00" ♉ – 00°07'30" ♊

1爻：24°30'00" ♉ – 25°26'15" ♉
2爻：25°26'15" ♉ – 26°22'30" ♉
3爻：26°22'30" ♉ – 27°18'45" ♉
4爻：27°18'45" ♉ – 28°15'00" ♉
5爻：28°15'00" ♉ – 29°11'15" ♉
6爻：29°11'15" ♉ – 00°07'30" ♊

由個人做出貢獻，致力提倡所有人的個人賦權，方能成就共同創作。
代理人通常是協助他人擴展創意的人。

平庸
平凡 <> 不真實 ⟶ 風格 ⟶ 精巧

8.1 真摯：坦率的態度會吸引所有希望做出貢獻的人。

你的率真特質會吸引每一位想要投入並透過自身天賦來共同創作的人。

Ψ：你知道必須在不期望明確回報的情況下投入自己的努力。

☿：你因隨意的自願投入而犧牲了自身的正直性，因而可能被利用或遭摒棄。

8.2 友誼：友善是最崇高人類理想的表達。

你透過自身的存在、鼓勵和貢獻，自然地賦予他人力量。

☉：你的友誼表達是與生俱來的本質。

⊕：你準備好做出貢獻，潛在期待著要獲得賞識與感激。

8.3 沉迷：以外冷內熱的態度做著貢獻。

你需要經常檢視自身承諾的基礎，以及你所吸引來的同伴。

☾：你表達出明顯的興趣，但經常未必會實際投入。

♄：你依賴技巧來讓他人印象深刻，藉此避免和他們交涉。

8.4 政治家風範：透過歡迎所有的貢獻來促進合作。

你真誠地鼓勵每個人以自身獨特的方式做出貢獻。

♃：你透過自身的貢獻與模範，來鼓勵每個人提高他們的標準。

☿：「跳脫框架」的努力，讓你的貢獻可能獲得他人的賞識，或者可能不會。

8.5 善行：調和共同創造的方法、時間和標的。

你選擇的時間點與態度，決定了任何貢獻受歡迎的程度。

♃：你豐富且和善的態度，會鼓舞每個受到你吸引的人。

☉：你堅持不懈的貢獻，最終將受到感激，不論你知悉與否。

8.6 重估：持續促進和諧的環境。

當你能欣賞所有賦權的貢獻所呈現的重要本質，你才會有最佳的參與。

♀：你瞭解能夠帶給所有人助益的創意貢獻本質。

☋：你可能糾纏在戲劇化的個人互動中，造成懊悔。

小畜

確認細節

專注

天生著迷於檢視所有事物，不論
最終是否能帶來滿足。

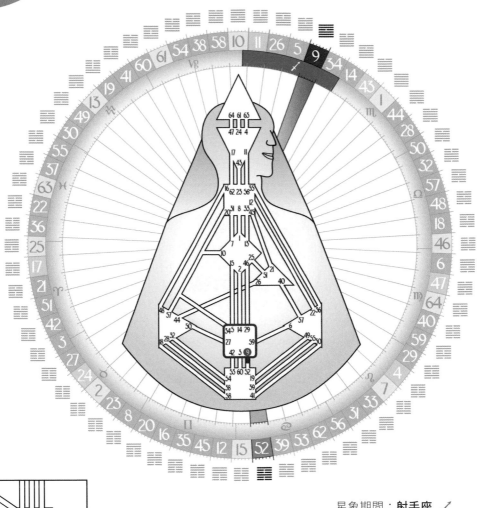

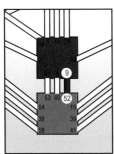

屬於通道 9-52

專注力的通道

中心：**薦骨**　　迴路：**集體／
邏輯**

星象期間：**射手座** ♐
星象位置：

05°45'00" ♐ – 11°22'30" ♐

1爻：05°45'00" ♐ – 06°41'15" ♐
2爻：06°41'15" ♐ – 07°37'30" ♐
3爻：07°37'30" ♐ – 08°33'45" ♐
4爻：08°33'45" ♐ – 09°30'00" ♐
5爻：09°30'00" ♐ – 10°26'15" ♐
6爻：10°26'15" ♐ – 11°22'30" ♐

専注地聚焦，以便隨時隨地透過我們所有的努力
來彰顯我們生命中所有重要特質。

慣性
不情願 <> 分心 ⟶ 毅力 ⟶ 無敵

9.1 重新開始：從自信的角度持續重新投入生命中。

你可能會擁抱生命的重要細節，或者會因為把這些細節視為問題而感到挫折。

☽：你強烈的聚焦給予你力量去找到情勢中轉變的關鍵。

♂：你可能強力突破問題，因而失去了焦點，造成分心。

9.2 包容：包容與被包容的能量。

你對共同合作的堅持，會強化或分散你達成目標的可能。

☽：你能與他人成功合作，確認根本的細節。

♃：你召喚他人成為你生命中的一部分，有時又會懊悔他們的存在與投入。

9.3 忽視：錯過了一個微小但卻關鍵的細節。請保持專注！

分散注意力使你失去關注相關細節的焦點，或者變得固著在瑣事上。

⊕：當重新組隊與重新評估可能會更好時，你仍固執地繼續前進。

☉：如果你持續執著於某個細節焦點，你的努力會得到糟糕的回報。

9.4 可靠：儘管有分心的事物，仍處在當下並保持聚焦。

忠於你的意向，抑或忽略重要細節，會決定你在生命中的影響力。

☾：你需要果斷地在過程的每個階段對相關細節採取行動。

♂：習慣性地強硬略過重要細節，你最終將屈服於外在壓力下。

9.5 不加質疑：成就來自信任與嚴守細節。

接受生命的獎賞，或者懷疑自身需求未被滿足，會影響你實現人生目的的能力。

♃：你那具有感染性的聚焦力量，有助將注意力引導至生命重要的細節上。

⊕：缺乏信任自己的力量，會把你帶向日益不滿足的人生。

9.6 心存感激：每當有機會就慶祝的喜悅與智慧。

一步一步地，所有急迫的議題都獲得處理，給予你慶祝和放鬆的空間。

☾：每當你有機會時就慶祝，特別是慶祝很棒地完成任何工作！

☽：你透過慶祝來強化所有事物，特別是當你「把逆境轉為優勢」時。

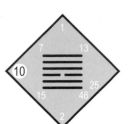

閘門
10

履 行為

找到個人的位置與步調

在所有的生命挑戰與命運捉弄之中，
賦予力量的行為與自我之愛的態度將
能突破重圍。

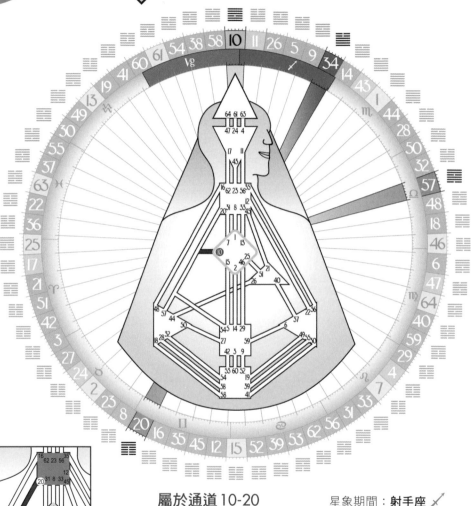

屬於通道 10-20

覺醒的通道

屬於通道 10-34

探索的通道

屬於通道 10-57

生存力的通道

中心：**自我定位**　　迴路：**個體／整合**

星象期間：**射手座** ✗
摩羯座 Vg

星象位置：

28°15′00″ ✗ – 03°52′30″ Vg

1爻：28°15′00″ ✗ – 29°11′15″ ✗
2爻：29°11′15″ ✗ – 00°07′30″ Vg
3爻：00°07′30″ Vg – 01°03′45″ Vg
4爻：01°03′45″ Vg – 02°00′00″ Vg
5爻：02°00′00″ Vg – 02°56′15″ Vg
6爻：02°56′15″ Vg – 03°52′30″ Vg

要能有實現目的的滿足人生，
你的互動方式必須展現你對生命的感激與熱愛，
同時也要符合你獨特且珍貴的人生旅程。

自我偏執
自我否定 <> 自我迷戀 ⟶ 自然 ⟶ 存在

10.1 調查：在任何情境中找到自己的位置並融入其中。

生命過程中的穩定進展，需要你對途中遇到的所有事物有著感受性。

⊙：你在所有情境中的高貴行為都會促進你的成長。

☾：感覺過度敏感，或者感覺對他人有責任，可能造成你迴避生命中的冒險。

10.2 尋求庇護：知足來自不去對抗生命中難以應付的戲劇性事件。

外在爭執很容易就會變成內在爭端，除非你完全迴避他人的紛爭。

☿：你活躍的頭腦能為外在的問題提供迅速的解方，抑或輕鬆的逃脫。

♂：你傾向主動迴避任何可能讓你的人生變得複雜的人。

10.3 臣服：趨近個人合適理念的原則。

需要特別留意，確定你遵循著自身的真實，而非他人的真實。

⊕：以持續溫和但穩定的方式面對考驗，能帶給你很大的回報。

☾：你傾向尋求他人的注意與肯定，無視自身真誠的理想。

10.4 探索：在任何互動中尋求強大的助益與轉變。

當機會來敲門時已做好準備，並且感激機會帶給你的意義。

♆：你會堅持等待能轉變一切的重要機會。

☿：你會透過頭腦來調整自身行為，以適應任何帶來潛在優勢的機會。

10.5 重新想像：喜愛對抗，通常是挑戰平凡事物。

你喜愛挑戰傳統，並且發現有許多挑戰的方式，不論是否充滿著愛。

♃：你有原則的行為會直接挑戰既定的傳統，讓傳統去質疑自己。

♂：你傾向會去挑戰所有的人事物，可能遭致個人反撲。

10.6 促進校準：讓他人無法忽視的個人模範。

成功的步驟會帶來豐盛的結果，只要你確實遵循自身本質與軌跡。

☊：你深思熟慮的行動通常會顯著有效帶來轉變的結果。

♄：如果你太過嚴格地對待自己，你會錯過生命中許多的樂趣。

泰 和諧
平靜與想法
和諧來自內在並且向外散發至世界。
小小的努力能夠帶來大大的回報。

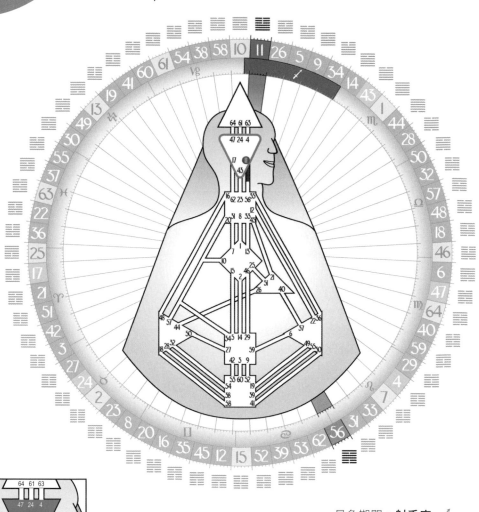

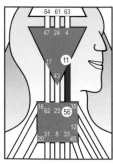

屬於通道11-56
好奇心的通道
中心：**心智**　　迴路：**集體／
感受**

星象期間：**射手座** ♐
星象位置：
　　　　22°37′30″ ♐ – 28°15′00″ ♐
1爻：22°37′30″ ♐ – 23°33′45″ ♐
2爻：23°33′45″ ♐ – 24°30′00″ ♐
3爻：24°30′00″ ♐ – 25°26′15″ ♐
4爻：25°26′15″ ♐ – 26°22′30″ ♐
5爻：26°22′30″ ♐ – 27°18′45″ ♐
6爻：27°18′45″ ♐ – 28°15′00″ ♐

11.1　致意：透過與你的周遭環境同調來取得進展。

你的想法來來去去，重要的是要找到正確的夥伴來分享這些想法。

☾：你很容易找到能夠欣賞並協助推展你的想法的人。

♂：你有時候可能過度擔心沒有人會欣賞你的想法。

11.2　獨立：透過你的警覺讓平靜獲得保護。

要維持平靜並且促進你的創意想法，必須要有耐力、決心與遠見。

♆：你的廣大想像力經常在檢視獲得和諧生活的各種可能性。

♂：遭遇對抗，因為你沉溺於挑釁的想法中，只為了逃離枯燥無趣感。

11.3　允許改變：維持平靜需要相關且新穎的想法。

你需要分辨有價值的想法與純粹的空想之間的差異。

☋：感激每個片刻，你認知到平靜的時刻是來來去去的。

♀：你傾向會被對和諧不切實際的依附所吸引。

11.4　分享理想：有能力考量並傳達對他人有助益的想法。

有些事物是很顯而易見的，有些事物是可以被教導的，而有些事物是可以被傳遞的。

☾：你有天賦能夠將概念教導和傳遞給幾乎是任何人。

♀：你提倡和諧的感受，最終甚至能感染那些已不抱幻想的人。

☉：你能夠傳播那些只能傳遞給少數人的理想。

11.5　服務公眾的治理者：透過廣泛的理想來賦予觀點。

你充滿有益的想法，可能來自服務的使命，或者源自你的不安全感。

☾：你對好概念以及如何連結好概念有著感受力，對人類的各個層面都有助益。

☿：你傾向廣為傳播你的想法，不顧那些想法是否對聽者有效益。

11.6　有彈性：在信念模式轉變時，仍維持內在平衡。

當你根據普遍的情況來調整你的信念，在災禍後會帶來復興。

♆：擁抱新信念，讓你在轉變的時期能夠維持自身的平衡感受。

♃：你擁護適用任何情境的想法，但有時會犧牲了他人。

否 靜止

阻礙、評估

在言語和行為上都不採取行動，直到
正確表達的時機出現。

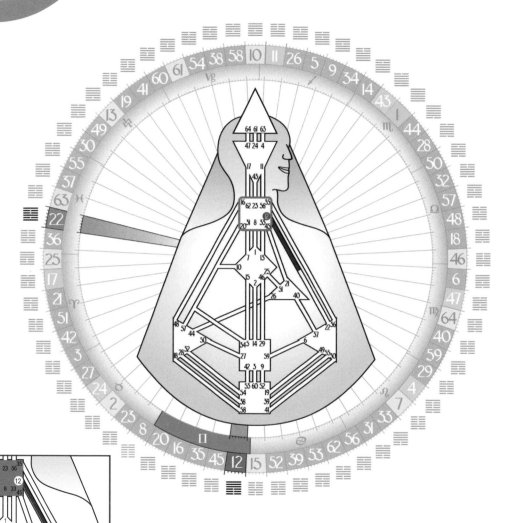

星象期間：雙子座 ♊
星象位置：

    22°37′30″ ♊ – 28°15′00″ ♊

屬於通道 12-22

開放的通道

中心：喉嚨　　迴路：**個體／**
知曉

1爻：22°37′30″ ♊ – 23°33′45″ ♊
2爻：23°33′45″ ♊ – 24°30′00″ ♊
3爻：24°30′00″ ♊ – 25°26′15″ ♊
4爻：25°26′15″ ♊ – 26°22′30″ ♊
5爻：26°22′30″ ♊ – 27°18′45″ ♊
6爻：27°18′45″ ♊ – 28°15′00″ ♊

與每個當下同調，並且停下來預想與勾畫出期盼的未來，
而這未來可能不同於已被主流所接受的常規。
浪漫主義的閘門。

盧榮
菁英 <> 惡意 —— 區別 —— 純然

12.1 靜止不動：體悟到嚴酷的世界能讓你的內在更感受到自由。

從主流中抽離，你能夠與欣賞你的個體需求的人連結。

☿：透過迴避許多社交互動，你能夠在自己的世界裡找到和諧。

♃：你傾向採取不合理的孤立，不顧這可能給他人帶來的影響。

12.2 立場：謹守自己的真理，能讓你貼近自身的內在滿足。

你可能在自身的承諾上嚴守紀律，或者你也可能背離承諾，並且在等待時感到焦慮。

♄：擁護自然的原則，你能消除受他人影響而導致失衡的可能性。

☿：在焦躁不安時，你忘卻自身的社交謹慎，失序地發言和行動。

12.3 復甦：走出過去的失誤，讓你能繼續優雅地前進。

每個人都會犯錯，生命中最大的課題是要寬恕自己，並且不重蹈覆轍！

♆：透過警覺性，與我們在彼此連結時都會感受到的脆弱性調和。

♂：無法擺脫的絕望感，認為自己永遠無法擁有「正常的」關係。

12.4 預言：有能力知道改變何時會到來，知道何時需要做好準備。

知道未來以及知道如何去陳述未來，可能是兩件極為不同的事情！

⊕：你的內在與自然的運作同調，能夠預見並表達改變。

☿：你可能看見未來，但難以與之連結，也不知道如何務實地運用。

12.5 確立：貼近你本質中能賦予力量的那些層面。

你知道能夠賦予力量的人事地物，你可能會運用此天賦，或者棄之不用。

☉：你有能力透過超越困難的遠見來克服困境。

♂：若你的混亂情緒沒能化解，你在社交上就會很困窘。

12.6 轉變：靜止不動期間可能帶來驚人的改變。

透過創造你自己的規則，你會在一般的社交行為表達中脫穎而出。

☉：你有方法能夠表達全新且賦予力量的社交狀態。

⊕：迷失了自己的遠見與真實意義，你很容易會被困在過時的表達中。

同人 傾聽者

人類的夥伴

在這樣的時代，我們的共同目的是要追求共同的目標，也就是擴展人類體驗的所有可能層面與樣貌。

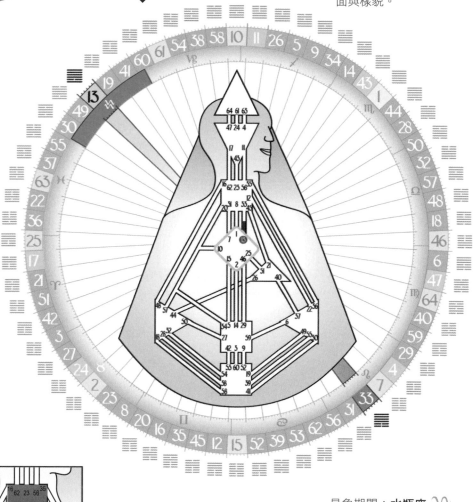

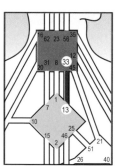

屬於通道 13-33

浪蕩子的通道

中心：**自我定位**　　迴路：**集體／感受**

星象期間：**水瓶座** ♒

星象位置：

　　　　13º15'00" ♒ – 18º52'30" ♒

1爻：13º15'00" ♒ – 14º11'15" ♒
2爻：14º11'15" ♒ – 15º07'30" ♒
3爻：15º07'30" ♒ – 16º03'45" ♒
4爻：16º03'45" ♒ – 17º00'00" ♒
5爻：17º00'00" ♒ – 17º56'15" ♒
6爻：17º56'15" ♒ – 18º52'30" ♒

每個人在生命旅程中都需要體驗接納、認同與賞識。
你很容易會吸引到那些感覺與人脫節的人，
他們都需要有人來聽聽他們的故事。

紛亂
天真 <> 胸襟狹窄 ⟶ 鑑賞力 ⟶ 同理心

13.1　開放：平等地和每個人連結與溝通。

你對他人的友善態度，會讓你與周遭的世界結盟。

♀：你的感受性能透過每個人散發出和諧與連結的氛圍。

☾：你可能為了個人利益而掩飾你表達關心的意圖。

13.2　公平：看見每個故事的兩面，並且保持不偏不倚的立場。

你在所有的互動中存在各種可能性，可能迎合遷就、可能澄清誤解、甚至可能造成分化。

☾：透過你的寬容與體貼，反映出高尚道德。

☉：缺乏彈性使你無法接納他人的觀點或價值觀。

13.3　自我依靠：盲目採行他人的指引，造成了不信任與失敗的循環。

或許在嘗試其他所有人的方式都帶來幻滅後，你需要找到自己的道路！

⊕：有形的證據能安撫你天生多疑的本質。「證明給我看！」

♀：找不到人可以信任（除了你自己之外），使得無助感浮現。

13.4　低語者：有可能在非常深刻的層面聆聽生命。

你很敏銳，能夠帶著極大的內在深度去聆聽；但當暴露在純粹的噪音下，則會被消磨殆盡。

☋：緊緊守著那些尊重你本質的人，或者積極地尋求寂靜的獨處。

♀：過度承諾造成精疲力竭，你最終會渴求有時間和地點能夠獨處。

13.5　生命樂章：在一切事物中為所有的人事物找到意義。

你會尊重、開釋、喜愛和提升任何人，讓他們成為人類體驗中的重要成員。

♆：你有天賦能夠排解所有的個人阻礙，在生命中達成和諧與目的。

♃：你會承接他人的重擔，儘管他人若能自行面對和處理重擔可能使他們獲益。

13.6　海納百川、廣結善緣：在每個人、每個事物、每個地點之中都尋找其最好的特質。

不論是否明顯實際可行，你的友善特質會在每個人的生命中尋求最佳的結果。

♂：你果斷地與他人連結，預期能夠改善他們的生活。

☿：你相信透過和他人分享你的興趣，你會改善任何體驗。

閘門
14

大有 **富有**
採收

有本事在有關資產、財富與豐裕資源的情況中，學習展現真正的自在。

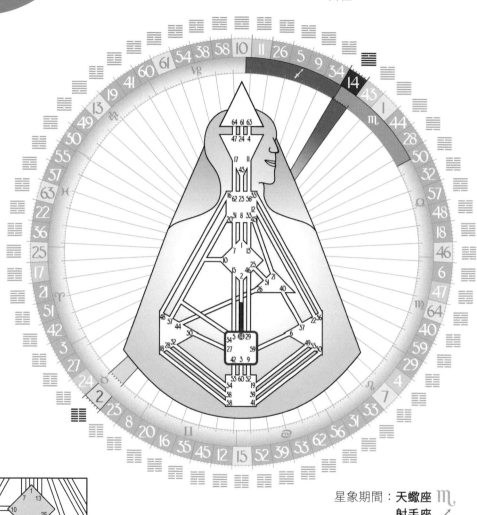

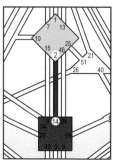

屬於通道2-14

煉金士的通道

中心：薦骨　　迴路：**個體／知曉**

星象期間：**天蠍座** ♏
射手座 ♐

星象位置：

24°30'00" ♏ – 00°07'30" ♐

1爻：24°30'00" ♏ – 25°26'15" ♏
2爻：25°26'15" ♏ – 26°22'30" ♏
3爻：26°22'30" ♏ – 27°18'45" ♏
4爻：27°18'45" ♏ – 28°15'00" ♏
5爻：28°15'00" ♏ – 29°11'15" ♏
6爻：29°11'15" ♏ – 00°07'30" ♐

14.1 獲得滿足：仔細檢視真正驅動你的因素。

依靠任何自身以外的事物來讓你自己開心，會被證明是種錯誤的寄託。

♃：你有著有原則的方法來獲取與利用物質資源。

☿：要試圖控制生命中的資源流動，你需要有極大的信任感。

14.2 健全投入：培養能力優雅地管理你所有的資產。

你透過取得有力的協助，或者獨自執行，將你的資源最大化。

♃：你擴大財富的關鍵在於接受來自有意願且有能力的幫手給予的協助。

♂：如果你只信任自己的執行能力，很快你就會負擔過重。

14.3 犧牲：為了所有人的利益而提供你的才華與資源。

為了每個人的益處（包括你自己的）而去付出，或者出於某種責任感而去做公益。

⊕：無私地餽贈他人，帶給你最大的個人滿足。

♆：妄想著以為守住額外的個人資源能帶給你滿足感。

14.4 安全：個人安全存在於擁有所需之中。

你透過知道什麼能讓你安全並且在生命中擁有該事物，來確保你的賦權。

☾：透過生命帶來的任何改變來琢磨技能，以確保個人的安全感。

♂：保持審慎讓你能夠發展出所需的個人技能，以在生命中茁壯。

14.5 誠摯：就物質事務與他人進行適當的互動。

當你與物質世界中的人連結時，你處理物質世界的本領需要熟練的技巧。

☉：你有品格的做事方式，確保了在所有物質互動中都能受到每個人的賞識。

♀：在物質事務中過度友善，必定會使你遭受誤解。

14.6 有價值：生命會將資源與祝福給予其挑選之人！

以靈性和（或）物質的方式面對與財富相關的責任。

☉：你能輕易地與財富調和，因而賦予你慷慨且感恩的謙遜特質。

⊕：務實的方法讓你能在物質與靈性領域之間找到平衡。

謙 人道

人性、極端

你在生命帶來的所有可能極端與情境
中，找到自身的角色。

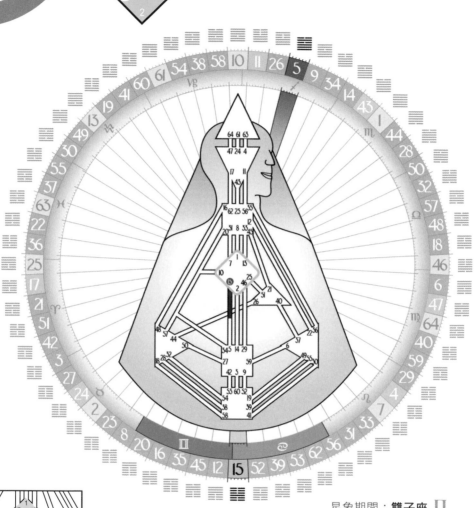

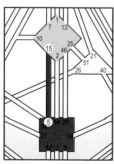

屬於通道 5-15

韻律的通道

中心：**自我定位**　　迴路：**集體／
邏輯**

星象期間：**雙子座** ♊
　　　　　　巨蟹座 ♋

星象位置：

　　　　28°15'00" ♊ – 03°52'30" ♋

1爻：28°15'00" ♊ – 29°11'15" ♊
2爻：29°11'15" ♊ – 00°07'30" ♋
3爻：00°07'30" ♋ – 01°03'45" ♋
4爻：01°03'45" ♋ – 02°00'00" ♋
5爻：02°00'00" ♋ – 02°56'15" ♋
6爻：02°56'15" ♋ – 03°52'30" ♋

在社會的各個層面都有朋友和熟人，
暗示著你可能很難有依附關係，或者很難被任何人控制。
（閘門15普遍存在所有生命形式中。）

索然無趣
空虛 <> 極端主義者 ⟶ 磁力 ⟶ 繁盛興旺

15.1 謙遜：擁有自律能夠提升所有的生命議題。

你可能維持對自身本質與需求的感受力，或者因缺乏安全感而顯得不謙遜。

♀：尊重所有關係的和諧，讓你能促進任何群體的凝聚。

♂：急著展示與宣揚你的個人成就，可能會疏離了他人。

15.2 堅持不懈：透過維持你的誠摯與正直來找到寬慰。

你的謙遜以及你的極端行為，對他人有深刻的影響。

☉：你有力量接受自身的獨特行為，作為生命之流中的自然狀態。

⊕：透過比較你的極端行為與他人的溫和行為，設法促成結果。

15.3 沉穩：堅定地承諾完成你所啟動的事物。

在不主張自身優越性的情況下成就事物，會影響你整體人生的品質。

⊕：完成所有任務，但在成就中，你仍保持低調。

☿：你有可能會強調自身相對於他人及其行為的優越性。

15.4 回歸核心：在你的生命中克制任何未反映愛的極端行為。

有愛且順應生命之流，需要你經常檢視自己的內在指引。

♃：以符合你的最高理念的方式，謙遜地達成你的最佳狀態。

♄：固執己見地堅持你自己的方式，笨拙地奮力要達成目標。

15.5 夥伴關係：與所有在極端地位者的需求同調。

你引導經驗較少者度過艱難的情境，可能是透過美德善行，或者透過自以為是的無禮方式。

♃：你的領導特質能夠處理生命中的亂流，同時仍保持謙遜。

☊：對那些能力不如你的人強加任何推力，最終會導致他們的疏離。

15.6 評論：透過為自身生命的情況負責來立下典範。

透過接納並賞識自身的本質，你會在生命中找到一條模範的道路。

☊：你能夠在任何時刻負起責任來引導所有的情況，並且是以謙遜的態度進行。

♀：在所有尋求和諧的互動過程中，當有事情出了錯，你可能會怪罪他人。

16	62	23	56	35
				12
20	31	8	33	45

豫 選擇力

熱忱與技能

你有能力在各種可能的努力與過程中，找出真正適宜、有用且未來看好的元素。

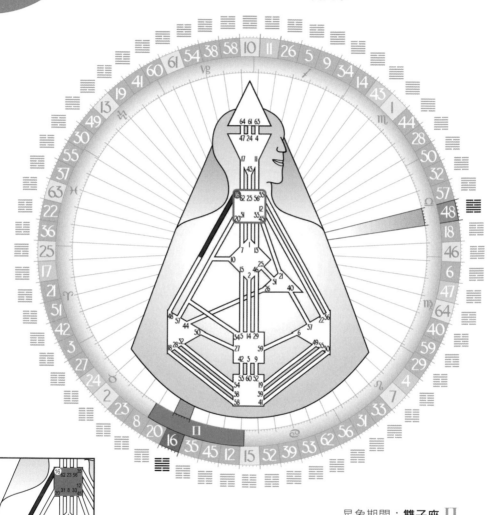

屬於通道 16-48

才華的通道

中心：**喉嚨**　　迴路：**集體／邏輯**

星象期間：**雙子座 Ⅱ**

星象位置：

05°45′00″ Ⅱ – 11°22′30″ Ⅱ

1爻：05°45′00″ Ⅱ – 06°41′15″ Ⅱ
2爻：06°41′15″ Ⅱ – 07°37′30″ Ⅱ
3爻：07°37′30″ Ⅱ – 08°33′45″ Ⅱ
4爻：08°33′45″ Ⅱ – 09°30′00″ Ⅱ
5爻：09°30′00″ Ⅱ – 10°26′15″ Ⅱ
6爻：10°26′15″ Ⅱ – 11°22′30″ Ⅱ

當一切處於準備狀態，是有可能放輕鬆的，
有時這是為了駕馭更多技能。

漠不關心
誤認 <> 散亂 ⟶ 多樣性 ⟶ 精通

16.1 留意：熱忱能與當下的真實需求同步，或是不同步。

要清楚掌握你所面對的事物，必須要臨在當下、關注並且公平無私。

⊕：你很容易涉入各種狀況當中，但並不是都會考量到實際發生的情況。

☿：你傾向代替他人發言，但卻不容易得到證實。

16.2 戒備：你客觀地考量人生並做出相應的評論。

你有能力中立地或批判性地看透任何計畫的益處。

☉：你有天生的技能可以公正地評判任何情況，不受他人評論的影響。

☿：你表達出中肯的分析，可能輕易地削弱他人的興奮感。

16.3 重塑：樂趣來自贏得你自己的成就。

需要來自外在的鼓勵以及獨力闖蕩之間，僅有一線之隔。

☾：與你自身的熱忱同調，你能夠評估如何推進你的人生以穿越任何情境。

♂：需要有他人來瞄準、確認並且時而資助你的技能或才華。

16.4 引導：在處理人生問題時的信心能吸引他人到你身邊。

你很容易會給予他人支持與認可，或者你可能會忽視他們的貢獻。

♃：你熱心的結合各方努力來達成崇高的目標，因而會聚集廣大的支持。

♂：在推動進展時，你可能沒能向你獲得的協助致意，抑或不承認你需要協助。

16.5 抗拒：不願意鼓勵你自己或鼓勵他人在生命中前進。

你能辨識潛能，但若你認為那些潛能無法達成，你會傾向不給予支持。

☊：在看到真實的結果之前，你很少會對任何人事物明顯感到熱情。

☾：情緒陰晴不定會造成你不情願鼓勵推進任何計畫。

16.6 重估：客觀地評估實際的目標。

你可能看見事物的真實本質，或者可能因為他人的期望而慌亂不安，因而失去清明。

♆：透過預想每個人的觀點，你會相應地調整你的目標，不論務實與否。

♃：不顧結果地擴展任何概念，最終會讓你大失所望。

17

隨 追隨

意見

辯論與討論會將所有的意見調和,達
到能作為基礎概念與想法的程度,同
時符合所有人的未來潛在福祉。

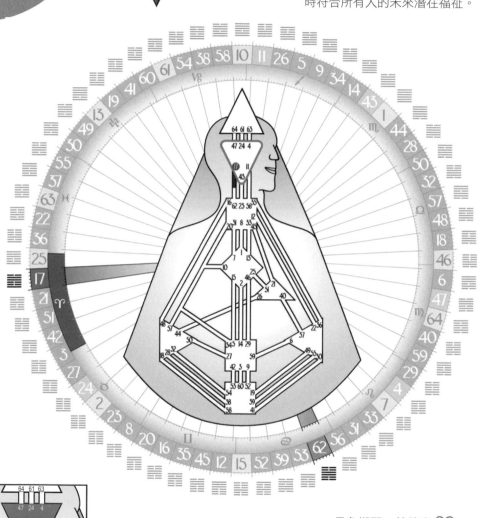

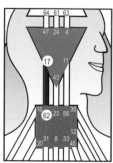

屬於通道 17-62

組織力的通道

中心:**心智**　　迴路:**集體/
邏輯**

星象期間:**牡羊座** ♈

星象位置:

　　　　03°52′30″ ♈ – 09°30′00″ ♈

1爻: 03°52′30″ ♈ – 04°48′15″ ♈
2爻: 04°48′45″ ♈ – 05°45′30″ ♈
3爻: 05°45′00″ ♈ – 06°41′45″ ♈
4爻: 06°41′15″ ♈ – 07°37′00″ ♈
5爻: 07°37′30″ ♈ – 08°33′15″ ♈
6爻: 08°33′45″ ♈ – 09°30′00″ ♈

在眾多關於生命意義為何的觀點中，追隨思緒能夠找到邏輯的平衡。
右眼。（閘門17是哺乳類動物之間的跨物種橋梁。）

意見
無意見 <> 固執己見 ⟶ 遠見 ⟶ 全知

17.1　開放心胸：在所有事物中認知到潛在的二元性。

你欣賞生命中許多不同的觀點，認為這些觀點本身並沒有對錯之分。

♂：你會提倡許多不同的意見，同時仍忠於自身內在的原則。

♀：當你的和諧感遭到他人意見所擾亂，可能會讓你忘了自身的原則。

17.2　評估：偏好的夥伴能把你帶向對人生有更高鑑賞的層次。

你透過與他人連結為自己找到意義，不論你們的關係是否能持久。

☉：你透過留意生命中所有的互動來發展你的個人獨特意見。

☾：喜怒無常的狀態可能造成你重視自身意見更甚於友誼。

17.3　挑選：欣賞能帶來內在成長的最佳影響力。

你可能採納促進成熟的觀點，抑或支持沒有持久重要性的觀點。

☋：當與可敬的夥伴為伍時，你會帶來持久且促進轉變的影響。

⊕：你傾向尋找任何方法來達成結果，而這會造成你錯失重要的議題。

17.4　不自私：對於找到最佳的舉措來帶動每個人前進持開放態度。

意見可以掩飾潛藏的動機，給予你機會測試你的內在原則。

☋：當你的動機與原則一致時，你能給他人帶來轉變的影響力。

♃：你表達的意見會吸引每個人，甚至包括那些你寧願避開的人。

17.5　相互連結：認知到「我們是一體的」。

你透過你的德行，或者透過試圖忽視宇宙的巧合，來達成最高的目標。

☌：你的創造力與靈性和（或）世俗的決心一致。

♂：你追求對個人的認同賞識，可能排除從任何其他源頭獲得協助。

17.6　成為菩薩：與更高層次的人類意識調和。

你採納並表達智慧，尊重他人並協助他人與其生命更趨一致。

☾：「指著月亮的手指。」你能夠連結生命的誠摯與單純。

♃：透過獲得人類對存在的理解，你會成為教師中的教師。

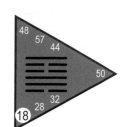

蠱 **改進**
找出改善方法
（處理腐敗事物）

所有的傳統與習俗都需要經常重新檢視，確認是否仍舊有益和健全。

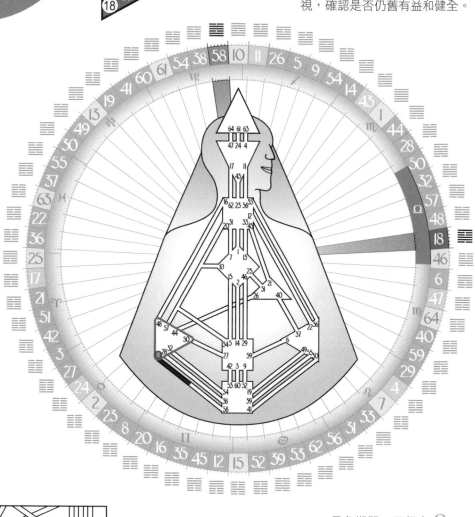

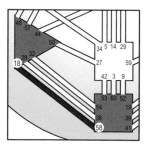

屬於通道18-58

評判的通道

中心：**脾**   迴路：**集體／
                                 邏輯**

星象期間：**天秤座** ♎

星象位置：

03°52'30" ♎ – 09°30'00" ♎

1爻：03°52'30" ♎ – 04°48'15" ♎
2爻：04°48'45" ♎ – 05°45'30" ♎
3爻：05°45'00" ♎ – 06°41'45" ♎
4爻：06°41'15" ♎ – 07°37'00" ♎
5爻：07°37'30" ♎ – 08°33'15" ♎
6爻：08°33'45" ♎ – 09°30'00" ♎

> 沉著地重新評估失衡的系統、互動、常規和流程，
> 目的是要讓人類朝更繁榮的未來發展。
> 近乎強迫症的完美主義。
>
> 評斷
> 適應 <> 批評 ⟶ 完整 ⟶ 完美

18.1 家長式作風：關於讓男性傳統更合乎時代的難題。

父權傳統根源於以男性為主的歷史，你透過檢視這些傳統來找出現今的適用性。

⊕：你有毅力為古老的觀念帶來逐步的調整。

♃：透過傳統的觀點來闡述人生，你將會困在他人的過去當中。

18.2 尊崇女神：女性力量所挹注的恐懼。

對於任何想要壓抑你本質中女性特質的傾向，都需要有更大的內在警覺。

☋：透過勤奮與警覺，你有潛能可以轉化你所繼承的恐懼。

☾：對於向你挹注恐懼的人，你的感受性高，不願傷害他們的感情。

18.3 魯莽：受驅動要告別過去，並且立刻邁向未來！

檢視你生命中不再需要的事物，給予你擺脫它的可能性！

♆：高度批判你舊有的制約，你找到富有想像力的方式來因應。

♃：任何嘗試要繞過或低估你的制約，最終都會給你帶來懊悔。

18.4 順其自然：試圖治標而非治本。

深入問題的核心，你會看見是否是你自己引來了問題。冥想的召喚。

⊕：固著在治療你明顯的無力狀態，抑或在你自身的清明中找到自由。

☿：當你深陷他人的批評中，會帶來心智上的焦慮與拖延。

18.5 自我修正：坦率透過保持警覺來化解制約。

你在所有情況中時時保持警覺，能夠清除任何制約並且帶來寬慰。

♄：透過改善低自我價值感的關係，使進步得以持續。

☊：以無法化解制約的方式與他人連結，你反而會造成進一步的失衡。

18.6 成佛：超越所有制約。

你將自身投入普世的重要事物以及有益所有人的靈性發展當中。

♂：不論你身在何處，你都有能力和驅動力去闡述普世真理。

☾：你散發出令人安心的氣息，揭示生命中沒有不能克服的問題。

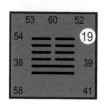

閘門
19

臨 連繫

需要尋求包容

向外接觸去找出生命如何將我們所有
人連結在一起，急切地想要終結分離
並重新團結。

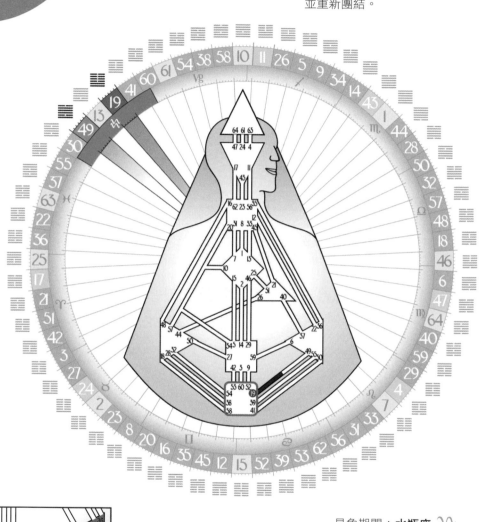

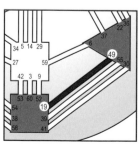

屬於通道19-49

敏感的通道

中心：**根**　　迴路：**部落／
社群**

星象期間：**水瓶座** ♒

星象位置：

07°37′30″ ♒ – 13°15′00″ ♒

1爻：07°37′30″ ♒ – 08°33′45″ ♒
2爻：08°33′45″ ♒ – 09°30′00″ ♒
3爻：09°30′00″ ♒ – 10°26′15″ ♒
4爻：10°26′15″ ♒ – 11°22′30″ ♒
5爻：11°22′30″ ♒ – 12°18′45″ ♒
6爻：12°18′45″ ♒ – 13°15′00″ ♒

比起自己的需求，更容易先感受到他人的需求。
有一股內在的能量驅動你去做接觸，以建立體現的起點。
挑逗會吸引注意力。

依賴
黏人 <> 孤立 ⟶ 敏感 ⟶ 犧牲奉獻

19.1　相互關係：向外找尋能夠給予支持的夥伴。

你在情緒上的超脫以及內在的平衡，透過與他人的互動而受到檢驗。

☉：面對外來的影響時，你有力量守住自身的原則。

☾：在考量他人需求時，你傾向會偏離自身的需求。

19.2　合作：正確的方式能贏得盟友。

你有著自然的天賦，能夠集結來自多方的支持，為他人提供協助。

♃：透過信任自身不做作的崇高理想，你能夠克服所有的困難。

♀：陪伴在他人身邊會讓你有歸屬感，但你未必總是會提供他們協助。

19.3　涉入：需要格外仔細方能區別真正的需求以及欲求。

如果你受到渴求驅動，而非因為內在的清晰，這樣的連結關係會產生糟糕的態度。

♀：在你認可他人以及受到他人認可時，你能維持自然的內在和諧。

☾：你的喜怒無常可能成為一種索求，主宰了你與他人所有的互動關係。

19.4　成熟：在團體互動中的沉著行為能夠推進團隊合作。

你在人群中時最為自在，而且有助於整合每個人的貢獻。

♂：你透過自身的努力、模範與鼓勵，驅使他人有傑出表現。

♀：在團體中，你更傾向提倡和諧氣氛而非創造成果。

19.5　委任：將個人創新交付給得力的助手。

你透過下放責任給有能力的助手來支持每個人，同時仍承擔整體的責任。

⊕：你有著內在自信與堅定意志，樂於見到你的夥伴有所發展。

♃：當你不顧他人能力而任意下放授權時，就會造成混亂！

19.6　睿智：透過自身體驗的深度來傳授內在成長的經驗。

你能夠透過傳授同理心的智慧，為他人提供極大的支持。

♃：你寬宏高尚的本質，有時必須被誘導出來與他人連結。

♂：你喜歡他人以尊敬的態度來接洽，這樣你才更容易傳授你的智慧。

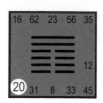

觀 當下
沉思、觀察
知曉的途徑很簡單：活在當下！

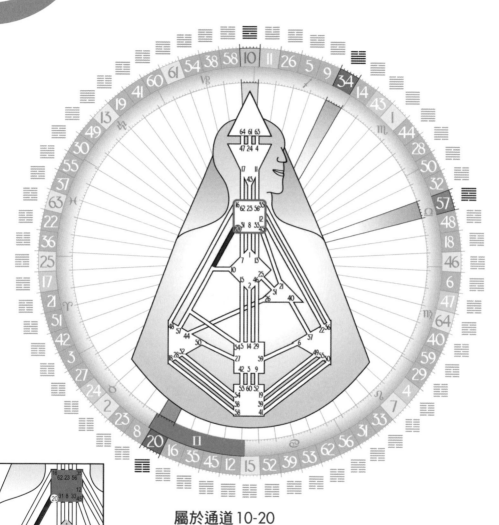

屬於通道 10-20

覺醒的通道

屬於通道 20-34

忙碌的通道

屬於通道 20-57

衝動的通道

中心：喉嚨　迴路：個體／整合／知曉

星象期間：雙子座 ♊
星象位置：

00º07'30" ♊ – 05º45'00" ♊

1爻：	00º07'30" ♊ – 01º03'45" ♊
2爻：	01º03'45" ♊ – 02º00'00" ♊
3爻：	02º00'00" ♊ – 02º56'15" ♊
4爻：	02º56'15" ♊ – 03º52'30" ♊
5爻：	03º52'30" ♊ – 04º48'45" ♊
6爻：	04º48'45" ♊ – 05º45'00" ♊

20.1 單純……是覺察的關鍵！

每個小事件都是更大計畫的一部分。你自身對生命的觀點也是至關重要的。

♀：你在顯然很單純的事物中看到美好與和諧，例如：一個全景的視野。

☾：陰晴不定地對生命過度簡化，可能造成你逃避個人責任。

20.2 觀點：以世界的現實來衡量個人的觀點。

如果你真摯的觀察未受到賞識，可能很容易就會灰心沮喪。

♀：透過在每個當下找到和諧來擴展你的觀點。

☾：如果你嚴肅地看待每件事，你會形成狹隘且可能很陰晴不定的觀點。

20.3 客觀：發展出平靜地觀察想法與行動的能力。

透過客觀公平地觀察你對你的世界造成的影響來確立引導方針。

☉：尊重你的「見證者意識」，能夠協助你順利經歷你的人生。

⊕：當你在世界中與人連結時，你的自我意識可能會成為阻礙。

20.4 觀察：推崇你的世界裡最好的影響力。

透過辨別與鼓舞你自身與他人的最佳特質來影響各種情境。

♃：你會根據當下的需求，以各種不同的方式闡述知識。

☿：你溝通時的陳述可能帶來即刻的務實價值，也可能沒有。

20.5 沉思：客觀地檢視你最深沉的想法與感覺。

開放聆聽這世界對你人生的評論，讓你能從內在清晰的狀態去投入人生。

♄：你有一套自律的方式，用來在世界上推廣健全的標準。

☊：由於不滿於當下的現實，你傾向去追逐戲劇化與令人分心的事物。

20.6 反思：考量對每個人有益的議題。

你超然的存在積累了務實的知識，能讓每個人來取用。

♀：你有能力為了公眾利益去闡述你個人的明晰。

☿：你的溝通能力能夠推廣各種知識，不論它們是否實用。

噬嗑 控制

獵人

意志力的表達,在物質層面上
運用策略以獲得掌控。

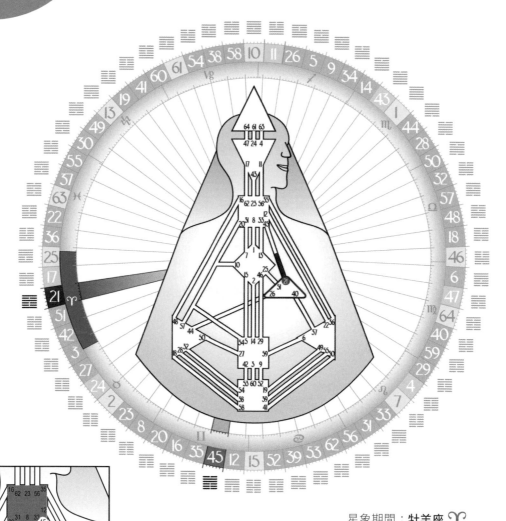

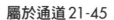

屬於通道21-45

金錢的通道

中心:心臟　　迴路:部落/
企業家

星象期間:**牡羊座** ♈
星象位置:

　　　09°30'00" ♈ – 15°07'30" ♈

1爻: 09°30'00" ♈ – 10°26'15" ♈
2爻: 10°26'15" ♈ – 11°22'30" ♈
3爻: 11°22'30" ♈ – 12°18'45" ♈
4爻: 12°18'45" ♈ – 13°15'00" ♈
5爻: 13°15'00" ♈ – 14°11'15" ♈
6爻: 14°11'15" ♈ – 15°07'30" ♈

透過「直搗事物的核心」，審慎地運用固執的態度來照顧眾人利益，
或者以自負心態介入，導向純粹的個人利益。
獵人／女獵人投入狩獵。

控制
受控制 <> 控制狂 ⟶ 權威 ⟶ 英勇

21.1 負責：修正你的小錯誤，會讓生命的成長過程更輕鬆。

你會出錯是很自然的，但需要負責任地修正，以避免日後的麻煩。

♂：你不需要嚴厲對待自己或他人，就能獲得尊敬。

☾：沉溺於缺乏意志力的情況並且持續地「放棄」，會削弱你的說服力。

21.2 勇氣：就任何必要的改革去給予和接受修正。

你想改善生活水準的意願，經常需要強烈但良善的糾正。

♂：在處理不負責任的行為時，刻意給自己和他人施加糾正。

♆：達成改革所導致的任何不情願，肯定會造成你喪失責任感。

21.3 躊躇：有可能對於很明顯的情況無力招架。

受到他人自尊問題所困，總是會影響你在生命中的投入程度。

♆：你會因為那些「掌權者」而受苦，除非你能遵循自身的物質道路。

♃：你傾向不必要的單打獨鬥，因而犧牲了自身的健康。

21.4 咬緊牙關：運用強大的自制力來處理生命中所有的情況。

你透過估量任何環境與環境中的人，輕易地建立起自身的權威。

♃：你透過策略性的行動來達成物質成功，而非透過制約反射。

⊕：持續確立你的與眾不同，很容易會讓你偏離自身真正的需求。

21.5 騎士風範：考量誰值得投入努力以帶來最佳的改革。

透過積極運用你的意志力或者透過授權，你能維持控制並指引物質事務。

♃：你能夠輕易地運用自身強韌意志的權威，帶給每個人最大的益處。

☋：堅持你的方式，不顧後果，最終你會變得孤立。

21.6 修訂：細緻地處理，能給任何情況帶來所需的調整。

隨時準備好執行必要的控制，抑或失去焦點並且造成混亂困惑。

☋：在任何情況中展現你的意志力，會自動帶來改變。

♀：不計代價的提倡和諧而非面對事實，你可能會在生活中招來失序情況。

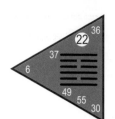

賁 **優雅**

裝飾、偏愛

在世界上，優雅的情緒能量能夠透過
美、裝飾與情感來豐富人生。

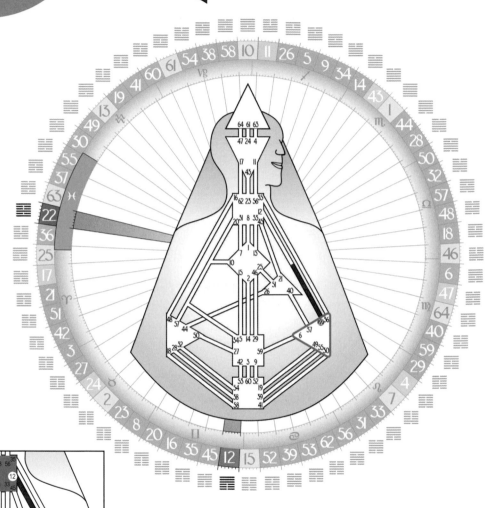

屬於通道12-22

開放的通道

中心：**情緒**　　迴路：**個體／
知曉**

星象期間：**雙魚座** ♓

星象位置：

	17°00'00" ♓ – 22°37'30" ♓
1爻：	17°00'00" ♓ – 17°56'15" ♓
2爻：	17°56'15" ♓ – 18°52'30" ♓
3爻：	18°52'30" ♓ – 19°48'45" ♓
4爻：	19°48'45" ♓ – 20°45'00" ♓
5爻：	20°45'00" ♓ – 21°41'15" ♓
6爻：	21°41'15" ♓ – 22°37'30" ♓

在靈性層面上，優雅是情緒與意識清晰同調所帶來的祝福。
當在情緒上面臨挑戰時，優雅有時可能變成不優雅。
（閘門22是哺乳類動物之間的跨物種橋梁。）

恥辱
適當 <> 不適當 ⟶ 慈祥 ⟶ 恩典

22.1 優雅：在生命中的所有面向都表現出謙遜與感激。

信賴你自身根本的價值，並且開放的擁抱生命帶給你的任何角色。

☽：有情緒覺察力，能夠感受來自你內在核心的賦權與指引。

♂：扮演實際上不必要或不相關的角色，必定會給你帶來問題。

22.2 魅力：天生的修飾與美化能力。

美麗與風格是你用來提倡魔力、魅力與引人注目的特質。

☉：你自然的情緒風格會吸引他人，並且推動和提升他們的人生。

♃：如果你在生命中把風格放在情緒覺察之前，終究會給你帶來後果。

22.3 迷人：完美的優雅。一帆風順的人生。好運氣。

你象徵著優雅，象徵一切令人驚奇的事物，讓自己趨近單純的普世真理。

♄：你與情緒能量同步，且有洞察力能為你的內在光芒賦予力量。

♂：在你所有的一舉一動當中，你的純淨外型就是優雅的化身。

22.4 給予深刻印象：透過貼近互動的需求，為所有的互動賦予力量。

你的內在光芒與外在聰慧，轉化了所有互動的品質。

♆：你有著非常獨特的互動方式，拒絕許多他人採行的禮節俗套。

♂：你可能發現自己會操弄情況，試圖強迫促進互動。

22.5 內在美：切記你自身真實本質的重要性。

儘管他人對你的優雅與內在光芒有著許多不同的看法，但你仍舊忠於自己。

♃：你有著個人的力量能夠在任何社交互動中賦予情緒清晰。

♂：你在社交情境中的獨特態度有可能會遭到誤解。

22.6 世故：單純的典雅是你最崇高的特質之一。

你的內在光芒會透過在任何情境中的平靜真摯與客觀而散發出優雅氣息。

☉：你尊貴穩重的存在，很容易讓你在情緒動盪的情境中掌控情勢。

♂：你的內在聰穎總是會被認定為獨特且具挑釁特質。

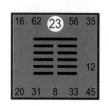

剝

同化
穩定

剝離「非必要的元素」，揭露實質重
要的部分。

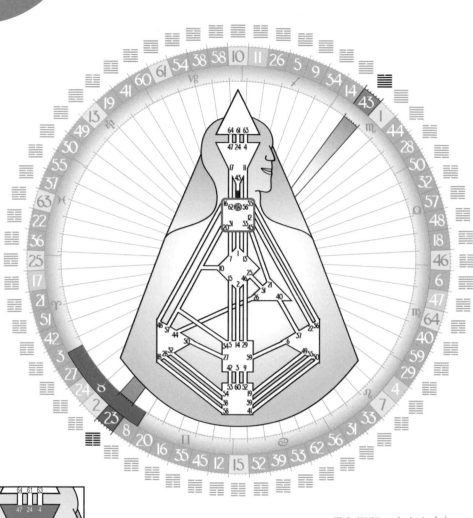

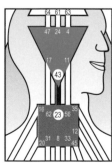

屬於通道 23-43

建構的通道

中心：喉嚨　　　迴路：個體／
　　　　　　　　　　　　知曉

星象期間：**金牛座** ♉
星象位置：

　　　　18°52'30" ♉ – 24°30'00" ♉
1爻：18°52'30" ♉ – 19°48'15" ♉
2爻：19°48'45" ♉ – 20°45'30" ♉
3爻：20°45'00" ♉ – 21°41'45" ♉
4爻：21°41'15" ♉ – 22°37'00" ♉
5爻：22°37'30" ♉ – 23°33'15" ♉
6爻：23°33'45" ♉ – 24°30'00" ♉

面對逆境時，為自身的真實挺身而出，
或者脫離自身筆直前進的道路，認為自己有必要採取某種行動。
對於說話技巧有強大的需求。

複雜
寡言 <> 無條理 ⟶ 簡約 ⟶ 精粹

23.1 確認：將你的注意力放在真正需要關注的事物上。

你致力於找到內在信念，以持續與生命中不斷變換的情境連結。

♃：你表達個人的洞見，那可能代表著當下的真相，也可能不是。

♂：透過表達你的個人觀點，你經常會引發他人擾亂性的反應。

23.2 包容：透過個人的決心自然地與情境連結。

自以為是或者超然抽離，未必有助你清晰地表達自己。

♃：瞎扯的天賦，談話可能讓你陷入或穿越各種生命的阻礙。

☾：好爭論可能成為一種生活習性，但終究不會對你有益。

23.3 表達獨特性：在承諾他人的同時，也相信自己。

忠於自己的方式，但也注意到他人說的和做的會如何影響你。

☉：表達你的個體性，同時努力地守住自身的真實。

☋：你講話的方式，使得你的表達會吸引來關切、懷疑和報復。

23.4 多元化：克服所有苦難的個人力量。

你的個體衝動表達，經常使被普遍接受的生活方式變得混亂。

☉：你的話語所帶來的影響，需要你去質疑你聽到自己說了什麼。

⊕：自由地表達你的洞見，必然會造成你孤立於主流之外。

23.5 默許：透過提供迥異、甚至對立的選項，帶來共同的利益。

你這個個體，有方法與他人互動，並帶來個人或共同的優勢。

♃：你擁有天賦，能將你的個人洞見用於讓每個人都獲益。

☾：你可能受到合作的需求所推動，為的是個人的輕鬆，而非共同利益。

23.6 合成：透過結合許多不同的可能性來創造新形式。

在現狀的壓力下仍保持中立，讓你能夠提出新的願景。

♂：你的個體方式，為引導多元選項邁向結合的可能性賦予力量。

♃：你擴張的本質傾向偏好與鼓勵多元，而非結合。

復 回顧
合理化

出自心智的都會再回到心智，直到循環成為迴旋，創新與轉變將會發生。

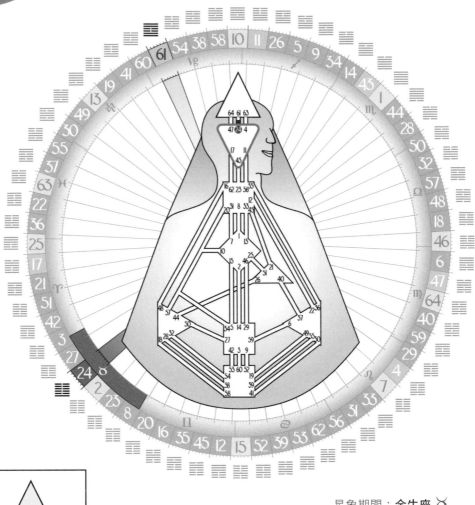

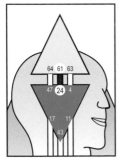

屬於通道24-61

思想家的通道

中心：心智　　迴路：個體／
　　　　　　　　　　知曉

星象期間：**金牛座** ♉
星象位置：

　　　07°37'30" ♉ – 13°15'00" ♉
1爻：07°37'30" ♉ – 08°33'45" ♉
2爻：08°33'45" ♉ – 09°30'00" ♉
3爻：09°30'00" ♉ – 10°26'15" ♉
4爻：10°26'15" ♉ – 11°22'30" ♉
5爻：11°22'30" ♉ – 12°18'45" ♉
6爻：12°18'45" ♉ – 13°15'00" ♉

透過反覆執行精修過的解決方案，你得以瞭解到理性思考的限制。
真理在寂靜中顯現。

成癮
冷淡 <> 易上癮 ⟶ 發明 ⟶ 寂靜

24.1　有原則：經常需要重新檢視哪些事物對個人具有意義。

你的心智運作可以給你某種理由不去活出自身的真實。

☉：你有著清楚的意圖要在生命中前進，同時堅定地符合自身的原則。

♆：你重新評估晦澀難解的想法，同時為不行動與缺乏信念賦予正當理由。

24.2　革新：承受脅迫下仍能吸引有愛的環境。

所有逆境都會帶來成長，你要能記得哪些人事物真正協助並啟發了你。

☾：你經常重新調整，貼近賦予力量、持續演進且能帶來助益的概念。

♂：你很容易將自己孤立於共同關切的事物之外，彷彿你是獨自一人。

24.3　猶豫不決：試圖透過思考來找到你的人生道路。

依靠舊有循環的心智概念，能夠帶給你成功，但無法帶給你持續的滿足感。

♀：透過軟化你的心智態度，你能夠開放地接納其他的引導方式。

♃：你在眾多可能性中搖擺不定，沒有定論。思考狂／工作狂。

24.4　專注：在他人的陪伴下，發展清晰的心智。

你需要在輕鬆的心智模式以及對個人正確的模式之間尋求平衡。

♄：你有紀律地重新檢視所納入的所有選項，並且持續校準以符合個人真相。

♆：愛作夢的特質會促進幻想，而非允許你去面對自身的真相。

24.5　回歸：有決心放棄錯誤的足跡，並且恢復創造力。

透過清晰與決心，你與過去劃清界線，重新開始。

☾：當你終結陳舊的靈感時，便有可能為新的靈感啟發賦予力量。

♂：固執地將舊概念合理化，會阻礙你取得新概念的機會。

24.6　緩解：在生命帶來的新概念下，拋掉舊有的概念。

當你重新取得自身權威的清晰，便無需因過去的失誤而限制了新選擇的範圍。

♃：你放鬆且理性的思考過程，能夠辨識並歡迎所有生命的贈禮。

☊：固執可能造成不理性的憂慮，阻礙了個人發展。

閘門

25

無妄 純真

無戒心

純真是我們天生的狀態，不計結果……。這是與生俱來的信任、誠實與真摯。

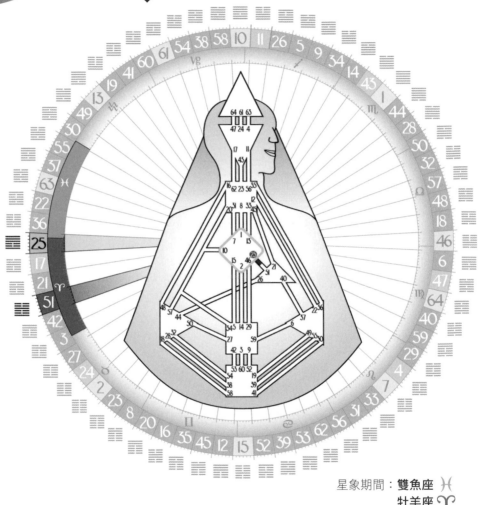

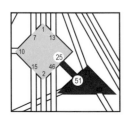

屬於通道 25-51

開創的通道

中心：自我定位　　迴路：個體／中央

星象期間：雙魚座 ♓
　　　　　牡羊座 ♈

星象位置：

28°15'00" ♓ – 03°52'30" ♈

1爻：28°15'00" ♓ – 29°11'15" ♓
2爻：29°11'15" ♓ – 00°07'30" ♈
3爻：00°07'30" ♈ – 01°03'45" ♈
4爻：01°03'45" ♈ – 02°00'00" ♈
5爻：02°00'00" ♈ – 02°56'15" ♈
6爻：02°56'15" ♈ – 03°52'30" ♈

> 不把任何事視為理所當然的純真自由本質，散發出普世之愛。
>
> 　　　　　約束
> 　無知 <> 冷漠　——→　接受　——→　普世之愛

25.1 有愛：不帶隱藏動機地活著。

你真誠的自發性可能容易受到外在影響的干擾。

♆：與你生命所走的神祕道路深刻同調且交互影響。

☿：內在的不安全感促使你出於比較的需求來表達自己。

25.2 活在當下：所有的期望會偏離了對當下的感激之情。

你可能自在地活在當下，或者可能試著期待結果因而無法滿足。

☿：你傾向保持在每個當下，純真且自由地活著。

♂：致力於實現夢想，當結果令人失望時，你也喪失了生活的樂趣。

25.3 調適：平靜地接受意料之外的事件。

當事情顯然出錯時，你可能會接受結果，或者可能覺得絕望且被遺棄。

♂：透過保有對生命純真的愛，在失去的時刻裡，仍有力量保持平靜。

☋：當在生命中面對失去或因為失去而感到震驚時，你可能會自暴自棄。

25.4 清白無瑕：無法被汙染的真實純真。

當與內在視野一致時，你的純真立場不受任何混亂情況所干擾。

♀：靈性的戰士，能在生命的各種試煉與災難中安然度過。

♃：即使沒有人在乎，依舊維持著最崇高的理想。

25.5 健康：世界上沒有治療心靈疾病的藥物。

透過正確的關係連結與態度來守護你的健康，你也因此能夠大大地協助他人。

♀：療癒者召喚靈性的力量來治療他人與被治療。

♃：錯判自身的靈性本質可能造成你經常過度擴張自己。

25.6 誤解：堅持遵循知識，將會損及真正的純真。

到最後，知識鮮少能給你助益，特別是當你試著要揣度存在的本質時。

⊕：你堅定保持在追求純真的道路上，即使必須重塑自己。

☿：儘管你有著出色的與眾不同特質，然而光有知識很少能帶給你滿足感。

大畜 累積

剛毅

此直接的本質駕馭著意志力，並且致力於偉大的成就與豐盛的物質回報。

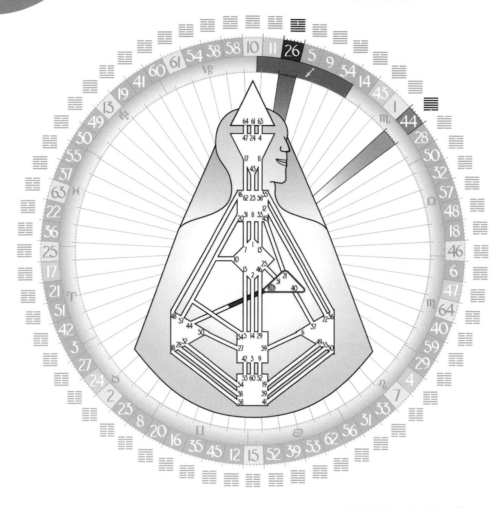

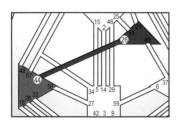

屬於通道 26-44

進取的通道

中心：**心臟**　　迴路：**部落／企業家**

星象期間：**射手座** ✗

星象位置：

　　　　17°00′00″ ✗ － 22°37′30″ ✗

1爻：17°00′00″ ✗ － 17°56′15″ ✗
2爻：17°56′15″ ✗ － 18°52′30″ ✗
3爻：18°52′30″ ✗ － 19°48′45″ ✗
4爻：19°48′45″ ✗ － 20°45′00″ ✗
5爻：20°45′00″ ✗ － 21°41′15″ ✗
6爻：21°41′15″ ✗ － 22°37′30″ ✗

> 在滿足自身需求與他人需求之間，有種內在的平衡。
>
> （閘門 26 與鳥類、爬蟲類和魚類的本能區塊有所連結。）
>
> 驕傲
>
> （暗中）操弄 <> 吹噓 ⟶ 巧妙 ⟶ 無形

26.1 停頓：耐心等待正確的行動時機。

有時，你在生命中前進時，必定會招來各種問題。

Ψ：你運用自身生動的想像力來化解難題，因而避免採取魯莽的行動。

♂：堅持要與他人不同，你因而迫使自己投入許多可能造成紛擾的活動。

26.2 自制：耐心是種美德，能夠帶來長期助益。

當你受到你無法控制的勢力阻礙時，最好能夠展現耐心。

☉：你透過逐步累積經驗與資源來展現自身的力量。

☋：催促著進展步調且無視過去經驗，可能讓你的人生道路代價高昂。

26.3 做好準備：很清楚你的動機以及如何好好執行。

當你克服恐懼和疑慮，不論有沒有他人協助，你都會成功。

☉：你有意志力與你的目標保持一致，讓你能夠獲取支持來達成目標。

♄：如果你忽視了身邊的人真正想要的，你會屈服於阻礙和挑戰。

26.4 預防：遠離不適當也不名譽的互動形式。

你維護你認為可敬且正確的事物，或者執行一些有疑慮的標準。

☋：你的意志力能轉變情況，即使那是最優化且頑固的情況。

♄：你使用的技巧會支持扭曲「規則」來達到你的目的。

26.5 駕馭：有智慧地運用你累積的能量。

你強大意志的能量需要細心管理，否則它會持續給你帶來衝突。

♂：小心地引導你累積的能量，會給予你吸引報償的潛能。

♀：你傾向維持自在的立場，而非與實際情況連結。

26.6 泰然自若：創意能量是從內在平靜的狀態中釋放。

要有智慧地累積並運用能量，你需要保持平衡：這是種內在的平衡。

☉：行動的持續適當性，總是能讓你強大意志的行動得以正當化。

☾：你可能注意到自身的喜怒無常狀態，其象徵性大於實質。

閘門

27

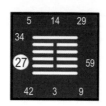

頤 滋養

養育

照顧並滿足了生命所有層面對於健康
與福祉的需求。

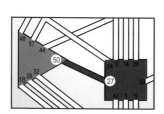

屬於通道 27-50

守護的通道

中心：薦骨　　　　迴路：**部落／
防禦**

星象期間：**金牛座 ♉**

星象位置：

　　　　02º00'00" ♉ – 07º37'30" ♉

1爻：02º00'00" ♉ – 02º56'15" ♉
2爻：02º56'15" ♉ – 03º52'30" ♉
3爻：03º52'30" ♉ – 04º48'45" ♉
4爻：04º48'45" ♉ – 05º45'00" ♉
5爻：05º45'00" ♉ – 06º41'15" ♉
6爻：06º41'15" ♉ – 07º37'30" ♉

滋養以各種不同的形式，滿足身體、心智、情緒和靈性的需求。
遵循古老諺語「醫師要先醫好自己」的教誨，這是協助他人的先決條件！
在給予照顧和接受照顧之間取得平衡。

自私
自我犧牲 <> 利己 ⟶ 無私 ⟶ 無我

27.1 滋養自我：照顧好你自己是首要任務！

你可能會掌管好自己的健康，或者可能傾向把自己所有的注意力給予他人。

⊙：你有力量給予照顧，意味著你能夠輕易地為自身需求負起責任，視這些需求為首要任務。

⊕：總是認為照顧他人比照顧自己重要，很容易會消耗了自己。

27.2 負責任：照顧好你自己與你的需求是自然而然的事情。

你可能滋養自身的需求，或者可能產生依賴性，需要他人為你提供資源。

☾：有很大的照顧與資源寶庫可以讓所有的生命透過各種方式取得。

♂：你傾向要求他人滿足你在人生中的眾多需求。

27.3 足智多謀：在任何情境中辨別哪些人事物能帶來滋養。

你持續地尋求滋養，經常在做不必要的探尋，而且是在不適當的地方進行。

☋：你透過在許多層面上放縱個人的需求來經歷轉變。

♂：你可能趨向讓自己沉迷放縱，但卻鮮少帶來滋養。

27.4 慷慨：透過施與受來支持每個人。

你有時需要對他人的人生有客觀的觀點，以便找到方法分配你的資源。

♃：你滋養他人的慷慨性格來自你自身內在的健康。

♂：你有驅動力為每個人提供支持，但可能很容易會耗盡你的資源和他人的資源。

27.5 分配：處理資源以帶來最大的助益。

你可能輕易地分配滋養讓每個人獲益，或者因為眾多需求而無力招架。

♃：你有力量和原則能夠不費力地照顧他人的福祉。

♄：在對於照顧的需求似乎無窮無盡的狀況下，你需要保有自身的平衡。

27.6 提供守護：授與使用所有滋養的資源。

成功的作為會帶來繁盛的結果，前提是你要遵循自身的本質與歷程。

☾：你有完整的方式能夠透過任何療癒過程的所有面向來提供照顧。

☋：透過運用嚴格的照顧準則帶來轉變。

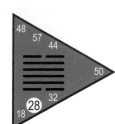

閘門 28

大過 (生命的) 玩家

堅持不懈

尊敬對抗生命中個人挑戰所需的勇氣與不屈不撓。

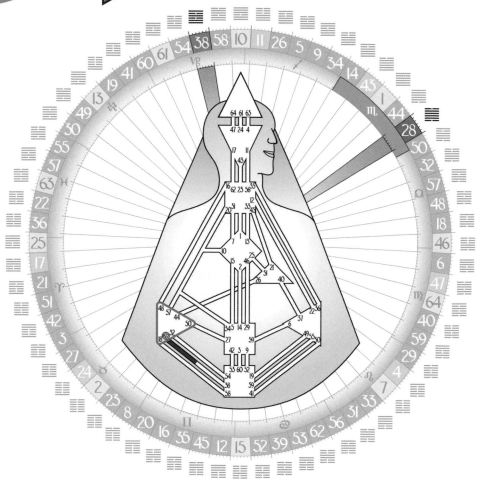

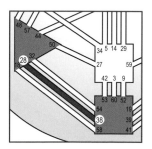

屬於通道 28-38

掙扎的通道

中心：**脾**　迴路：**個體／知曉**

星象期間：**天蠍座** ♏
星象位置：

02º00'00" ♏ – 07º37'30" ♏

1爻：02º00'00" ♏ – 02º56'15" ♏
2爻：02º56'15" ♏ – 03º52'30" ♏
3爻：03º52'30" ♏ – 04º48'45" ♏
4爻：04º48'45" ♏ – 05º45'00" ♏
5爻：05º45'00" ♏ – 06º41'15" ♏
6爻：06º41'15" ♏ – 07º37'30" ♏

透過承認對於死亡的恐懼，並且找到你的內在平衡，
你會在世界上各種失衡的力量中，堅守住自身的標準。
在進行生命這場遊戲時，保持在當下並且致力投入，將讓你獲得勝利……。
切記：生命是一場慶典！

無目標
無目的 <> 賭注 ⟶ 完整 ⟶ 永恆不朽

28.1 貢獻：在直覺上保持開放以面對挑戰。

與當下的需求同調，你可能會專注於實用的因素，也可能專注於無益的因素。

♂：你有著驅動力去運用任何能夠幫助面對人生挑戰的事物。

♀：你投入自身對於和諧的需求，而非直接面對當下的需求。

28.2 患難之交：在艱難時期的不尋常之處找到協助，同時提供協助。

你透過與任何願意跟你合作的來源保持一致，以滿足所有的需求。

☉：你直覺地知道要在哪裡找到最佳的協助，不論你是否做出「明顯的」選擇。

♃：當承受壓力時，你的擴張本質可能會放棄個人原則。

28.3 草率行事：仰賴不可知的未來。

魯莽或膽怯的行為可能造成你偏離當下自身的現實情況。

♄：你很自律，能夠傾聽自身直覺的指引，特別是在掙扎的時刻。

♃：你的宣傳本質傾向偏好外在現實，而非自身直覺的指引。

28.4 堅強：找到額外的內在資源來學習與成長。

你可能結合你的直覺天賦與內在力量，或者你也可能會在脅迫下崩潰。

♃：你的直覺深度會擁抱困難，並且透過個人典範來觸動他人的人生。

☿：試圖透過思考來度過難關，幾乎保證會帶來混亂和困惑。

28.5 信任：清晰地感受你當下的環境。

你能夠直覺地遵循你的現實，抑或試圖重組現實，進而造成崩解。

☊：透過直覺得知如何繞過問題，讓你能夠為相關的每個人帶來轉變。

☉：透過持續在你的生命中尋找個人利益，會讓你在他人眼中變得很不可靠。

28.6 顯赫：有高估你自己的傾向。

持有崇高的理想，使得你不願意忍受令個人受辱的情況。

☊：有著深切且關鍵的轉變驅動力，無論如何都要「贏得」生命這場遊戲。

♆：不理性的恐懼可能引發抑鬱沮喪，提醒你再次與你持續的真實連結。

坎 承諾
自動說「好！」
真誠且耐心的毅力，帶來成功的基礎。

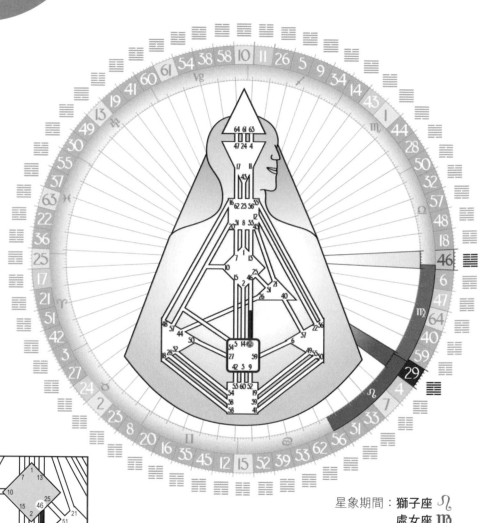

屬於通道 29-46

發現的通道

中心：薦骨　　迴路：**集體／
感受**

星象期間：獅子座 ♌
　　　　　處女座 ♍
星象位置：

24º30'00" ♌ – 00º07'30" ♍
1爻：24º30'00" ♌ – 25º26'15" ♌
2爻：25º26'15" ♌ – 26º22'30" ♌
3爻：26º22'30" ♌ – 27º18'45" ♌
4爻：27º18'45" ♌ – 28º15'00" ♌
5爻：28º15'00" ♌ – 29º11'15" ♌
6爻：29º11'15" ♌ – 00º07'30" ♍

雖然我們生命中的某些層面看起來很黑暗、很危險，但總是會有方法度過。

絕對不要放棄，也不要受人操弄！

在你面對的每個情境中，為自己樹立起做出正確承諾的藝術。

信任你的權威！

不認真

不可靠 <> 過度承諾 ⟶ 承諾 ⟶ 奉獻

29.1 謹慎：懷疑你是否能夠成功，會讓你搖擺不定。

僅依據「真正」所需的事物對情境做出回應，否則會招來麻煩。

♂：驅動你自己只根據任何特定情境的需求來採取行動。

♆：只因為過去的問題而讓你對投入承諾有所猶豫，這樣反倒會造成更多麻煩。

29.2 緩慢前進：滿足感伴隨逐步的成就。

你的努力受到直接且逐步的進展所支持，或者因為倉促行事而遭到破壞。

☉：說「好！」的本質伴隨堅持不懈的力量，不受環境的影響。

♀：對真正的承諾視而不見，讓你能維持一種和諧感。

29.3 堅持：讓改變的果斷決定以自然的方式到來。

雖說發現謹慎能給生命的急迫事物帶來洞見，但你仍感受到想要前進的衝動。

♂：瞭解到若要能夠在你的生命中果斷承諾，取得清晰是非常重要的。

♃：由於你的擴張性、甚至不切實際的謹慎感，因此無法做出承諾。

29.4 承諾：清楚知悉你的挑戰，能夠迅速帶來紓緩。

擁抱機會進入生命所帶來的任何好時機，你能夠體驗到快速的改變。

☊：你有紀律全然承諾投入最單純且最直接的過程。

♀：透過低估關連性來迴避困難，你可能因此錯過生命中的機會。

29.5 克制：帶著清晰感經歷事物的循環。

你的清楚承諾便足以避免過度的情況，否則你會因為沉溺放縱而精疲力竭。

☉：清楚的回應說「好！」，伴隨能夠以某種方式完成事物的堅持毅力。

⊕：盲目說「好！」的傾向，內在沒有清楚評估涉及的事物。

29.6 糾纏：清理你前後的道路。

你有能力在任何時候投入任何事物，或者你可以選擇等待清晰！

♂：那股毫無道理堅持不懈的力量，經常能讓你實現自己的目標。

♃：你會過度承諾，儘管未能信守承諾時必定會帶來問題。

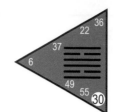

閘門
30

離 **欲望**
依附之火

透過完整的體驗情緒,你將能感受欲望難以捉摸的特質。

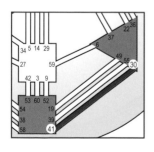

屬於通道30-41

夢想的通道

中心:**情緒**　　迴路:**集體／感受**

星象期間:**水瓶座** ♒
　　　　　雙魚座 ♓

星象位置:

24º30'00" ♒ – 00º07'30" ♓

1爻:24º30'00" ♒ – 25º26'15" ♒
2爻:25º26'15" ♒ – 26º22'30" ♒
3爻:26º22'30" ♒ – 27º18'45" ♒
4爻:27º18'45" ♒ – 28º15'00" ♒
5爻:28º15'00" ♒ – 29º11'15" ♒
6爻:29º11'15" ♒ – 00º07'30" ♓

> 有兩種方式去體驗欲望的火焰：淨化或犧牲。
> 在生命所有的體驗中見證全然的投入，能夠帶來淨化。
> 若是漫不經心的投入，被只活出一半的體驗感受所吞噬，則會帶來犧牲。
> 全然的投入是必要的！
>
> 　欲望
> 輕率 <> 過度認真 ⟶ 輕盈 ⟶ 狂喜

30.1 澄清：每當情緒擾動時，能找到內在的平衡。

隨著你的情緒升起，會有一刻能夠清晰地與這些情緒連結，抑或被這些情緒淹沒。

⊙：內在的肯定與穩定感，讓你能隨著各種感覺起伏，不論情況為何。

♃：你覺察到自己波動的情緒，但要和這些情緒脫鉤卻有困難。

30.2 尋求中庸之道：在極端的情緒之間找到適當的狀態。

在情緒波的高低點之間找到「黃金脈絡」，能帶來清明。

⊙：有力量忠於自身感覺，並且找到體貼、自然的表達情緒方式。

♂：逕自表達感覺和渴望，不顧這對你自己和其他人造成的影響。

30.3 保持冷靜：穿越並且擺脫欲望。

「萬物終將消逝」，當認知到這一點，你也將尊重接納或後悔之情。

☊：持續以適度且穩定的方式面對考驗，能帶給你很大的報償。

♃：認知到生命必定會帶給你愉悅和絕望的波蕩。

30.4 步調：忍受可能的崩潰並且繼續前進。

生命中的某些篇章決定性地結束，提醒你需要革新、重建和重新調整。

☊：深刻強烈的感覺，推動著你經歷體驗以作為轉變。

♃：你可能表達脫韁野馬般的感覺，帶來沒有滿足的疲憊感。

30.5 心平氣和：認知到擁抱逆境會豐富你的人生。

在帶給你成長的感覺之間取得平衡，並臣服於存在的意志。

♃：抱持開放態度深入探索你的真實感覺，然後才去評判這些感覺或就這些感覺採取行動。

☊：轉變來自釋放那些不會帶給你實現滿足的感覺。

30.6 淨化：自我接納以及釋放情緒期望所帶來的清晰感。

你可能擁抱感覺，然後釋放這些感覺；或者你可能屈服於這些感覺固有的問題上。

♂：你受到驅動去消除負面的感覺，同時也會鼓勵他人這麼做。

☾：情緒化讓你很難分辨自身健康的感覺與不健康的感覺。

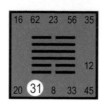

咸

影響力
我領導……因為……

相互的吸引力以及為相互連結做好準備，讓你能夠表達你天生的影響力。

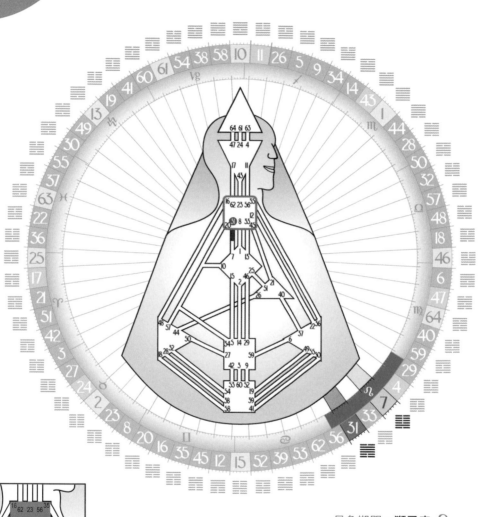

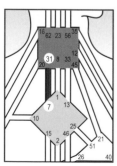

屬於通道7-31

首領的通道

中心：**喉嚨**　　迴路：**集體／邏輯**

星象期間：獅子座 ♌
星象位置：

02°00'00" ♌ – 07°37'30" ♌

1爻：02°00'00" ♌ – 02°56'15" ♌
2爻：02°56'15" ♌ – 03°52'30" ♌
3爻：03°52'30" ♌ – 04°48'45" ♌
4爻：04°48'45" ♌ – 05°45'00" ♌
5爻：05°45'00" ♌ – 06°41'15" ♌
6爻：06°41'15" ♌ – 07°37'30" ♌

你有潛力提供指示與引導，讓你和他人貼近未來願景。
透過你對現實的獨特洞見來與人連結是很重要的。

傲慢
順從 <> 自大 ⟶ 領導 ⟶ 謙遜

31.1 開放：找到真摯誠意，允許你展現影響力。

你能透過簡單的方式或透過牽強的方式來表達你的理想。

☉：你透過和自身內在的目標清晰同調來展現你的領導力。

⊕：在試圖建立有影響力角色的過程中，你可能向地位靠攏，而非貼近理想。

31.2 獨立行動：與採取行動的正確時機同調。

當你根據自身對時機的洞察來行事，你的獨立性會具有影響力。

♃：當你信任自身的內在指引，你的影響力會因此增長。

☿：無法等待真正的清晰，而是透過頭腦來發揮影響力，會造成混亂困惑。

31.3 分辨：觀察任何想要影響他人的衝動。

你必須對自身很清晰，才能在與他人所有的互動中，找到相互的影響力與助益。

☉：透過內在清晰以及與有價值的影響力連結，會強化你的領導能力。

♃：對領導的渴望，通常會讓你暴露在無益的夥伴影響下。

31.4 說服：開放性以及純粹的意圖方能實現影響力。

誠摯且清晰的心，讓你能夠透過你的內在確定感影響他人。

☽：你在任何情況中都能負起責任的真誠能力，讓你受到極高的尊敬。

♂：你能夠說服他人，但採用的方式未必符合他人實際的需求。

31.5 有遠見：有意為了光明的結果而維護影響力。

清晰的結果可能來自你的內在確定感，或者來自穩固的紀律。

☊：力量來自認知到你自身在展現影響力與受影響方面的立場。

☽：任何喜怒無常的狀態都會限制了你的影響力，有時會因此很難與世界連結。

31.6 勤奮：從你自身的深度，將你的影響力與世界連結。

有智慧的評論鮮少有多大的效果，不論你是否想要影響他人。

☉：對你自己的人生很清晰，並且透過活出你的願景來影響他人。

☽：傾向教條式地引導他人，而非信任你與生俱來的智慧。

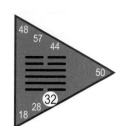

恆 持久
連續性與改變、耐久
生命唯一可靠的特質就是改變,這使得每個人都需要持續適應最新的景況。

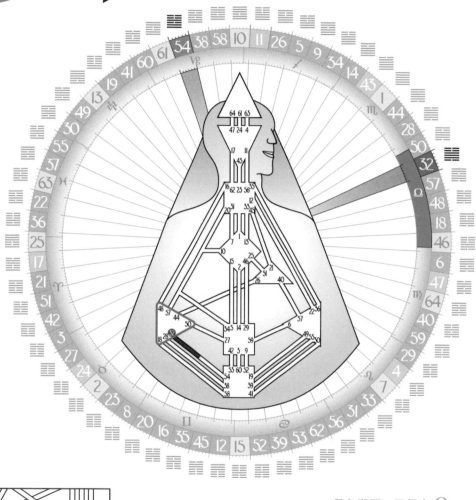

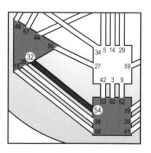

屬於通道32-54
轉化的通道

中心:脾　　　迴路:部落/
　　　　　　　　企業家

星象期間:**天秤座** ♎

星象位置:

20°45′00″ ♎ – 26°22′30″ ♎

1爻:	20°45′00″ ♎ – 21°41′15″ ♎
2爻:	21°41′15″ ♎ – 22°37′30″ ♎
3爻:	22°37′30″ ♎ – 23°33′45″ ♎
4爻:	23°33′45″ ♎ – 24°30′00″ ♎
5爻:	24°30′00″ ♎ – 25°26′15″ ♎
6爻:	25°26′15″ ♎ – 26°22′30″ ♎

> 你對生命努力做的所有調整，都會受到時間的檢驗，
> 讓你體悟到：耐久性是重要資產。
>
> 　　　　　　失敗
> 不連貫 <> 基要主義者　　→　　維護　　→　　敬重

32.1　始終如一：當你有保持一致的態度，方能帶來持久的結果。

調整你的生活方式來適應改變，是個需要時時刻刻維持意向與專注力的過程。

☉：你有著聰穎的本質，能將自身的注意力放在轉變過程的所有面向上。

♂：為了達成結果，你無視協助你化解困難的本能。

32.2　避免極端：維持穩定的道路。

你可能在改變的時刻保持警覺，也可能因為與他人的互動而變得困惑。

♀：你以自然的方式面對改變，能給所有相關的人帶來益處。

♃：你對抱怨很敏感，造成你會去追逐不必要且不合時宜的改變。

32.3　抵擋：當受到改變的擾亂時，運用你的內在指引。

你以穩定或隨性的方式來面對改變，而這決定了你適應改變的能力。

☿：在所有轉變的時刻裡，都需要你對自己內在持續的意向保持清晰。

♃：把問題看得比實際情況嚴重，會限制了你在改變時刻的警覺性。

32.4　注重實際：清晰地重新評估你的需求。

忠於你的整體目標，會在你面對改變的挑戰時，為你增添信心。

♃：你內在的樂觀主義能在改變的時刻支撐你自身的原則與適應性。

♄：內在的務實性會調整你的原則，以適應任何挑戰情況的需求。

32.5　順從：與改變保持一致。

你需要在生命所有改變且具挑戰性的情況中，進行有創意的互動。

☾：你對改變的本質有著變動的感受，使你能夠輕易地適應生命中所有的階段。

♂：你對於生命的時機沒有耐性，使得你很有創造力去找到推進步調的方式。

32.6　見證：平靜地觀察你的世界，儘管你也在世界中移動。

你需要接受改變，否則你會生活在持續被生命滅頂的恐懼當中。

☋：你與改變的力量深刻地保持一致，讓你能夠融入轉變裡。

♆：被焦慮淹沒，你因而沒能在改變中找到意義。極需要處於當下。

遯 隱遁

抽離、隱私與祕密、「我記得」

你透過抽離來內化生命體驗，並為自身的整體存在充電，不論是身體上、心智上、情緒上或心靈層面上。

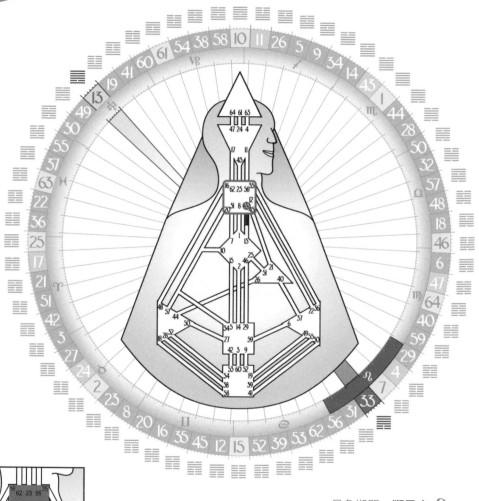

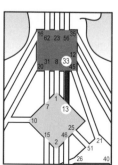

屬於通道 13-33

浪蕩子的通道

中心：喉嚨　　迴路：集體／
　　　　　　　　　　感受

星象期間：獅子座 ♌
星象位置：

　　　07°37′30″ ♌ – 13°15′00″ ♌

1爻：07°37′30″ ♌ – 08°33′45″ ♌
2爻：08°33′45″ ♌ – 09°30′00″ ♌
3爻：09°30′00″ ♌ – 10°26′15″ ♌
4爻：10°26′15″ ♌ – 11°22′30″ ♌
5爻：11°22′30″ ♌ – 12°18′45″ ♌
6爻：12°18′45″ ♌ – 13°15′00″ ♌

白天發生的事情遠多於你在夜晚睡眠中能夠處理的數量。
你是天生的說書人，能夠述說眾多領域裡的體驗。

遺忘
含蓄 <> 好批評 ⟶ 正念覺察 ⟶ 真相揭示

33.1 觀察：當投入沒有好處時，仍保持冷靜。

如果你記得自己內在的平靜，你就會擁有清明去承諾投入一項體驗，抑或不投入。

☉：你有判斷力能夠抽離，而非投入會造成不穩定的體驗中。

♂：你傾向莽撞地投入沒有益處的情境中，以致被這些情境給淹沒。

33.2 堅定不移：你堅定的信念認為一切都會船到橋頭自然直。

你不但沒有被淹沒，反而能夠抽離，並且等待你自己擁有力量的時刻到來。

♃：在撤退的時候保留能量，準備好等待運氣出現轉機。

♆：在個人失敗中屈服於任何信念，可能讓你不再信任自己。

33.3 斷開連結：當你退隱時，有著迅速恢復的振奮感受。

把任何恐懼和焦慮擺到一旁，讓你能體會到退隱的好處。

♃：你擴張的本質認知到，保留時間給自己會有很大的益處。

♂：你有著個人的強迫症，需要不計代價獨處，很容易會疏遠他人。

33.4 抽離：避開不必要的約束（有潛能連結過去的人生）。

在許多層面上觀察生命，你內在的靜止狀態渴望著外部的平靜。

☋：你遵循自身有時戲劇化的退隱需求，藉此復原並且再次復出。

♆：如果你和當下失去連結，你可能會陷入各種困惑的情境中。

33.5 自我保護：有著獨立性與清晰能夠抽離。

你可能很清楚自己的獨處需求，也可能因為過度熱心助人而失去平穩狀態。

☋：你感受到獨處與保密的重要性，要等到正確時機再與人連結。

♃：隨機地分享你自己和分享你的祕密，會造成混亂困惑，並且給你帶來問題。

33.6 放手！：從這一刻到下一刻，從這個場景到下一個場景，持續往前移動。

你保持客觀，留意讓自己恢復元氣，為所有新的體驗做好準備。

☉：你聰穎的本質對於放掉不必要的負擔沒有疑惑與擔憂。

♃：你過度慷慨的本質無法完全放手，有變得相互依賴的風險。

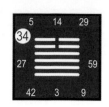

大壯 力量
巨大的力量
唯有透過內在平衡來展現和運用，方能有巨大的力量。

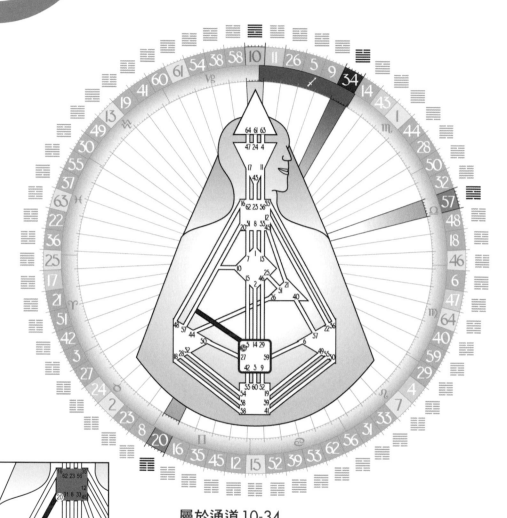

屬於通道10-34
探索的通道

屬於通道20-34
忙碌的通道

屬於通道34-57
力量的通道

中心：薦骨　迴路：個體／整合／知曉

星象期間：**射手座** ♐
星象位置：
　　00°07'30" ♐ – 05°45'00" ♐

1爻：	00°07'30" ♐	– 01°03'45" ♐
2爻：	01°03'45" ♐	– 02°00'00" ♐
3爻：	02°00'00" ♐	– 02°56'15" ♐
4爻：	02°56'15" ♐	– 03°52'30" ♐
5爻：	03°52'30" ♐	– 04°48'45" ♐
6爻：	04°48'45" ♐	– 05°45'00" ♐

你持續不斷地將你的能量用於達成能夠賦予力量、適當且重要的事物上，
同時也尋求避免可能被認為具有侵略性和自我中心的特質。
薦骨中心唯一與性無關的閘門。

力量
自我輕視 <> 咄咄逼人 ⟶ 實力 ⟶ 威嚴

34.1　自以為是：雜亂無章且有時笨拙地使用力量。

善用力量乃是來自你內在的堅強，或者安撫使用力量為他人造成的反應。

♄：你有紀律能透過檢視自身的動機來控制如何使用你的力量。

☋：個人轉變通常來自他人對於你使用力量的反應。

34.2　溫和：當你小心地運用力量時，阻力便會減少。

在成功時刻，你可能增加或減少你對他人的尊敬。

♂：你有能量持續你的努力，特別是當事情一定會成功時。

♀：總是在為你的成就尋求讚賞，會削弱你的內在力量。

34.3　估計：以符合普遍情況的方式使用力量。

審慎地使用你的力量，或者因過度熱心而使情況變得複雜。

♄：你很自律，能依照當下的情況來決定使用力量的程度。

☿：透過為如何使用力量編造角色，你發現自己在對現實做出反應。

34.4　內在力量：維持內在平衡能確保成就。

信任或懷疑你的內在清晰，會造成任何努力的成功或失敗。

☋：你透過與你的內在清晰和信心保持一致，來強力穿越任何情況。

♂：忽視你個人的正直性，可能會造成力量的濫用。

34.5　接受：你無需證明自己能夠輕易地使用力量。

看見你的力量會如何影響他人，你可能會接納此情況，抑或感到不自在。

♂：你很堅強且有毅力，能夠在必要時適當地使用力量。

☾：情緒陰晴不定影響了你使用力量的一致性，造成你的猶豫不決。

34.6　謹慎：有智慧能重新評估。

你會區分力量的使用，或者無差別地使用力量，而這意味結果的和諧與否。

⊕：你學會調適使用力量的方式，在任何情況中維持穩定性。

♃：過度地使用你的力量，可能會造成你身邊所有的人都精疲力竭。

16	62	23	56	㉟
				12
20	31	8	33	45

晉 前進

進展、「來點不一樣的東西」

透過比較各式各樣的體驗來尋求合格
的人生，有著不停歇的驅動力去探索
人類本質的各個面向。

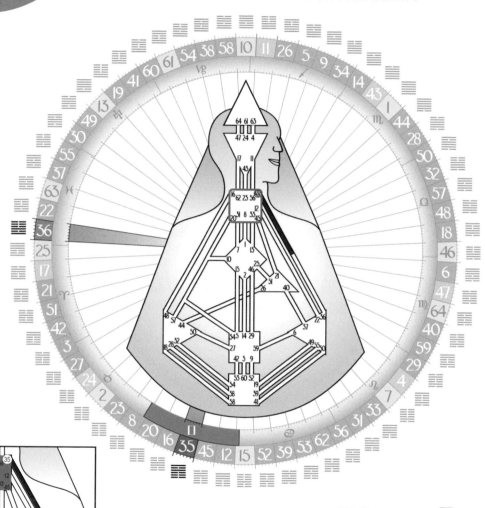

屬於通道 35-36

萬事通的通道

中心：喉嚨　　迴路：**集體／**
感受

星象期間：**雙子座 Ⅱ**
星象位置：
　　　　　11°22'30" Ⅱ － 17°00'00" Ⅱ
1爻：11°22'30" Ⅱ － 12°18'45" Ⅱ
2爻：12°18'45" Ⅱ － 13°15'00" Ⅱ
3爻：13°15'00" Ⅱ － 14°01'15" Ⅱ
4爻：14°01'15" Ⅱ － 15°07'30" Ⅱ
5爻：15°07'30" Ⅱ － 16°03'45" Ⅱ
6爻：16°03'45" Ⅱ － 17°00'00" Ⅱ

> 你只需要體驗一次，而且通常實際的目標就只是擁有過該體驗。
>
> 渴望
> 無趣 <> 狂熱 ⟶ 歷險 ⟶ 無限

35.1 保持穩定：接受挫折是生命過程的一部分。

不論你認為自己正確與否，都有可能會面臨個人遭受拒絕的情況。

♀：你的內在和諧把否定視為一個跡象，指出需讓自己對體驗的洞察更精緻。

Ψ：你很容易把任何形式的拒絕認定為個人的失敗或羞辱。

35.2 成長：每一個互動都會帶來潛在的新體驗。

有時你的努力會受到阻礙，直到你準備好接受協助。

♀：內在平衡與美德會協助你克服沒有結果的時刻，直到你的靈感回歸。

☾：在情緒陰晴不定的狀態下，你可能不顧時機是否正確，仍堅持要前進。

35.3 結合：和他人分享經歷。

當你在他人的信任與陪伴下完整體驗人生，進化就會到來。

♃：你擴張的本質給你自己以及他人的人生帶來進步的改變。

☉：你傾向在任何事情中扮演關鍵角色，且通常不會顧及他人的角色。

35.4 衝動：不計代價要求進展的渴望。

當你在推動體驗卻沒有任何明確目標時，請詢問你的權威。

☾：你的內在正直認知到改變的重要性，以及改變所帶來的機會。

♂：你一有機會就鼓吹刺激感，有時會猛然帶來危機。

35.5 值得尊敬：抑制期望以利進展。

你透過自己的付出來強化體驗，不論你是否感覺個人會因此獲益。

♀：你試著透過自身的經歷來讓生命中接觸到的每個人獲益。

♃：你的慷慨給每個人帶來擴張，但通常不會帶給你個人的滿足感。

35.6 自我檢視：準備好重新檢視和重新調整你的外在感覺。

對任何體驗的懊悔會促使你調整自己的方式，可能是單純的調整，也可能是完全翻新。

♄：你很自律，當你在他人的生命中執行改變時，能公平地對待他們。

♂：你會用改變他人人生的方式指導他們，但這麼做可能並不受歡迎。

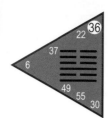

明夷 危機處理

趨於黯淡之光

在你採取行動首次體驗某事物
前，總會有種潛在的危機感。

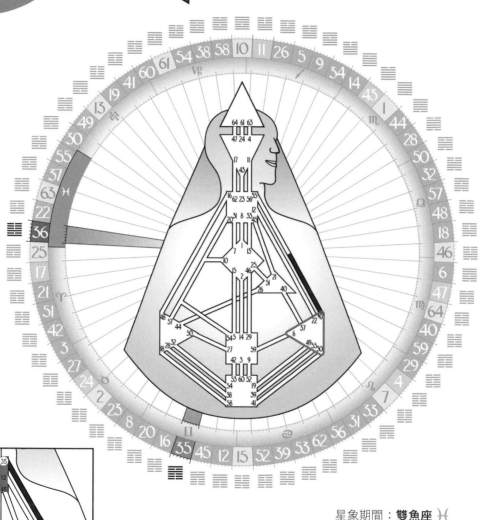

屬於通道35-36

萬事通的通道

中心：**情緒**　　迴路：**集體／**
　　　　　　　　　　　　　感受

星象期間：雙魚座 ♓

星象位置：

　　　　22°37′30″ ♓ － 28°15′00″ ♓

1爻：22°37′30″ ♓ － 23°33′45″ ♓
2爻：23°33′45″ ♓ － 24°30′00″ ♓
3爻：24°30′00″ ♓ － 25°26′15″ ♓
4爻：25°26′15″ ♓ － 26°22′30″ ♓
5爻：26°22′30″ ♓ － 27°18′45″ ♓
6爻：27°18′45″ ♓ － 28°15′00″ ♓

> 在最低的形式上，危機讓人挫敗和沮喪；而在最高的形式上，
> 內在的聰穎與外在的優雅結合起來，能讓人活出人類體驗的每個面向。
> 一旦沉浸在某個體驗當中，情緒便能在完整的高點與低點範圍內流動。
> 體驗是主觀的，最終會變得客觀中立。
>
> 　　　　　混亂
> 崩潰 <> 易現危機　——→　人性　——→　惻隱之心

36.1　忍耐：受到外在環境挑戰時，會進行內在反思。

接受或忽視你的感覺，在關鍵時刻可能忠於自己，也可能不會。

♂：你設法處理好情緒震盪的情況，即使必須同時克制你的衝動傾向。

♃：如果你放大並外顯微小的困難，就會經常陷入混亂。

36.2　維持不變：在群體中受到他人挑戰時，仍能保持忠誠。

個人挫折能夠激勵你去協助他人並接受他人的協助。

♆：你運用你的想像力來推動自己和他人前進，穿越危機情況。

☾：任何陰晴不定的狀態，會讓你在危機期間尋求或提供協助時搖擺不定。

36.3　突破：找到從黑暗到光明的轉換點。

當你見證到對你無益的情緒習慣，你便能從危機轉移到化解。

☋：在轉變的過程中，你隨著情緒起伏的危機去找到你個人的清晰。

♃：你感受到改變的重大助益，但不願意放掉舊有的情緒。

36.4　環視考察：透過遵循你自身的光明來連結你的道路，穿越所有情境。

你經歷人生的方式，要視你在所有危機中是否連結到自身的內在清晰而定。

☋：你體悟到祕密和神祕學知識能協助化解動盪的情勢。

☾：你內在的能力可看穿明顯的憂慮與議題，並且能夠在危機中協助任何人。

36.5　阻隔：隱藏你的意向不受到冷漠的檢視。

持續不合意的情況會明智地引導你至最終的幸運。

☋：當你找到方式在強烈的體驗中茁壯，轉變對你來說便是有可能的。

☿：你尋求透過頭腦思考的方案來化解情緒上的情境，因而給自己和他人帶來困惑。

36.6　決心：承諾要堅持正確的事情。

黑暗是光明的缺席。當真相揭露時，所有的不實面向都會開始消散。

♃：你與純粹的情緒強力調和，帶來自然的療癒與轉變。

♄：你不願意化解危機，這使得你持續遭遇到問題。

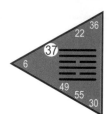

閘門
37

家人

家人
友誼（社群）

不論是在心靈、社群或家庭層面，要確保每個人的穩定與福祉，擁有明確的相互關係是必要的。

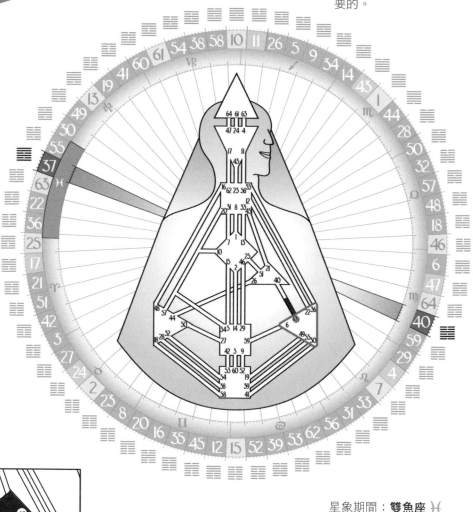

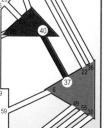

屬於通道 37-40
社群的通道

中心：情緒　　迴路：部落／
　　　　　　　　　　社群

星象期間：**雙魚座** ♓
星象位置：

	05°45′00″ ♓ – 11°22′30″ ♓
1爻：	05°45′00″ ♓ – 06°41′15″ ♓
2爻：	06°41′15″ ♓ – 07°37′30″ ♓
3爻：	07°37′30″ ♓ – 08°33′45″ ♓
4爻：	08°33′45″ ♓ – 09°30′00″ ♓
5爻：	09°30′00″ ♓ – 10°26′15″ ♓
6爻：	10°26′15″ ♓ – 11°22′30″ ♓

不論家庭是由血親、社群或事業上的成員組成，
這樣的親近感和熟悉感都是透過觸碰和食物強化其連結。
家庭是社群倫理和所有社群成就的基礎。

軟弱
多愁善感 <> 殘酷 ⟶ 平等 ⟶ 溫婉

37.1 崇敬：因為內在的智慧而受到尊敬與榮耀。

你的體貼態度會鼓勵他人留意他們的態度。

♀：你透過和諧與友善為所有的關係提供穩固的基礎。

♂：如果你採取競爭性的立場，可能會喪失了與生俱來的友善與和睦。

37.2 自給自足：協同效應強化了成就。

你支持以個人責任作為社群力量的基礎。

♃：透過為你自己的人生全權負責，你也深刻地改變了周遭的世界。

☿：你可能試圖透過強調他人的缺點來拯救世界。

37.3 節制：穩定的儲備支持了共同的福祉。

在意見不合的情況中，需要權威與公平讓家庭恢復團結。

♃：你擴張且慷慨的敏感性支持了開放和清晰的關係。

♂：情緒失衡讓你更關心維持秩序，而非承認感受。

37.4 豐盛：支持家庭的興盛。

你強調家庭的福祉有賴每個人的投入與貢獻。

☾：你透過自身的明確貢獻來推動周遭世界的福祉。

♄：你獨特的家庭觀傾向只認可傳統的方式與觀點。

37.5 忠誠：對家庭自然且寬宏的奉獻。

你能夠寬恕家庭中的所有過錯，除非你感覺自己遭到利用。

♀：你無私的感情強化了周遭的人所感受到的愛與和諧。

♂：你可以依靠他人來獲得情感支持，同時仍舊厭惡任何依賴的跡象。

37.6 敏銳：維持個人的高標準能夠鼓勵他人效法。

忠於你自身的責任感會確保你讓每個人受益的能力。

♀：你透過和諧的友誼，認知到並強化所有可能的生命特質。

☿：你難以滿足的本質渴望著超越家庭界限的多樣性友誼。

閘門
38

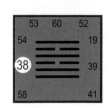

暌 反對
鬥士
一個人獨力對抗覺察到的不真實。

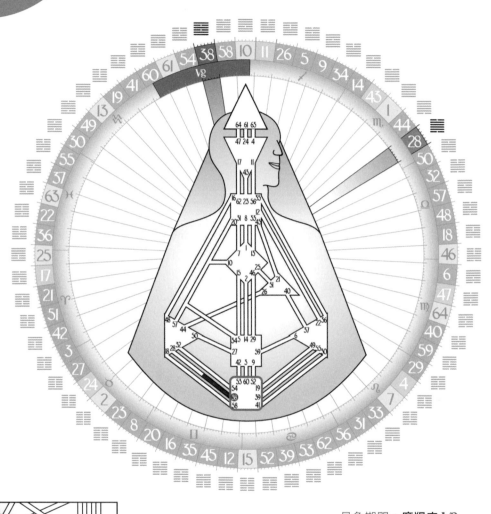

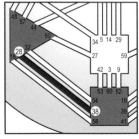

屬於通道 28-38

掙扎的通道

中心：**根**　　迴路：**個體／
　　　　　　　　知曉**

星象期間：**摩羯座 ♑**
星象位置：

09°30′00″ ♑ – 15°07′30″ ♑

1爻：09°30′00″ ♑ – 10°26′15″ ♑
2爻：10°26′15″ ♑ – 11°22′30″ ♑
3爻：11°22′30″ ♑ – 12°18′45″ ♑
4爻：12°18′45″ ♑ – 13°15′00″ ♑
5爻：13°15′00″ ♑ – 14°11′15″ ♑
6爻：14°11′15″ ♑ – 15°07′30″ ♑

> 潛在的觀點認為你必須和整個世界戰鬥，
> 然而，你真正想要的只是個人自由的權利。需要記得我們都是一體的。
>
> 爭執
> 固執 <> 奮鬥 ⟶ 堅毅 ⟶ 榮耀

38.1　公正中立：無需憂慮情況何時會自行解決。

你是否需要擔憂生命中的每個混亂糾葛，還是不論如何都想要掙扎？

Ψ：你與內在指引深度協調，知道何時要面對不安以及如何面對。

♂：你被驅使著持續與生命戰鬥，造成你最終必須擴展你的直覺。

38.2　謙恭有禮：調解的精神能夠推進你的目的。

你對他人的放鬆態度，讓你有可能憑藉著直覺知道你自身的目的。

☉：透過你迫使自己展現順從態度，使得轉變能夠在多種情況中發生。

☾：受到挑戰時，你陰晴不定的情緒只會不情願地勉強通融他人。

38.3　頑強：接受挑戰作為你成長的一部分。

忠於你知道的事物以及你信任的人，讓你和對生命意義的追求探索保持一致。

☉：在與眾多困難的奮鬥中，你遵循自身的道路來為個人賦權。

⊕：困在爭鬥中，使其成為生命的道路，會耗盡你與協助者的所有資源。

38.4　重聚：面對困境時，放棄孤立的狀態。

信任你自身的過程，你便能夠在看似無望的情境中獲得協助。

☉：你能夠堅持等待閃現光明的機會來轉變一切。

♂：受到外在壓力的包圍，彷彿你必須與全世界對抗。

38.5　實現：透過與夥伴連結來穿越誤解。

你直覺地知道何時該停下來看看誰願意協助你，或者你可能堅守自身明顯的孤立狀態。

♄：你擁有紀律，能夠停下來檢討你的爭論立場，並且識別你的盟友。

☉：轉變發生在當你最初受到孤立、然後在個人奮鬥中獲得支持的時候。

38.6　錯誤信任：與影子戰鬥。

面對多樣性，需要時間與你的意願。與生命本身戰鬥也是有可能的。

♄：你有紀律的本質，讓你在檢視持續的掙扎傾向後能擁抱生命。

⊕：如果你因為不信任世界而認同掙扎，你便會放大無謂的緊張。

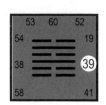

53	60	52
54		19
38		(39)
58		41

蹇 挑釁
艱難

在各種阻礙中找到出路，讓你能夠面
對促進個人成長的挑戰。

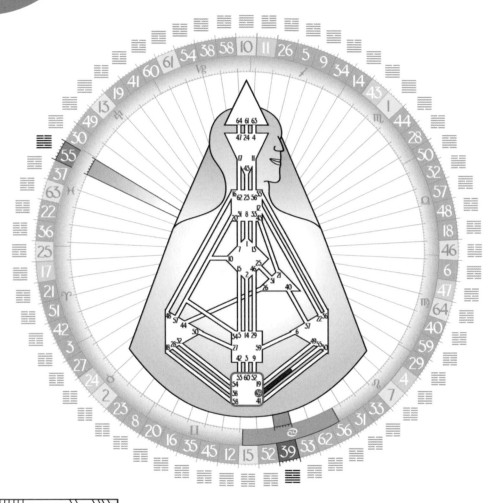

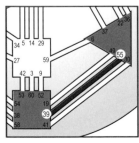

屬於通道 39-55

感性的通道

中心：**根**　　迴路：**個體／**
　　　　　　　　　　　知曉

星象期間：**巨蟹座** ♋

星象位置：

　　　09°30'00" ♋ – 15°07'30" ♋

1爻：09°30'00" ♋ – 10°26'15" ♋
2爻：10°26'15" ♋ – 11°22'30" ♋
3爻：11°22'30" ♋ – 12°18'45" ♋
4爻：12°18'45" ♋ – 13°15'00" ♋
5爻：13°15'00" ♋ – 14°11'15" ♋
6爻：14°11'15" ♋ – 15°07'30" ♋

外在與內在彼此完美映照。
如果你對於這世界如何反映你的樣貌感到困惑，
請向內在去探尋這種反射的源頭。挑釁或被挑釁有別於戰鬥。

挑釁

受困 <> 挑撥 ⟶ 活力 ⟶ 解放

39.1 超然：放掉任何強迫互動的需要。

不論你是否與任何人直接互動，通常你不需費力即可挑釁人。

♂：你有手段能夠透過自己的方法與時間採取行動，以避開任何強加的阻礙。

☿：你對於何時以及如何處理阻礙的猶豫不決，可能讓他人暴跳如雷。

39.2 遭遇：面對逆境時，當作是自我發掘的途徑。

你學會了直接面對困難，不論是否感覺舒服自在。

☾：你會自然地挑釁人生，因此你經常會被召喚與各種情境正面直擊。

♃：對於充滿壓力的煩亂狀態感到強烈不自在時，你會傾向尋求其他的可能性
（例如：「讓我擺脫此困境吧！」，或是「我要閃人了！」）。

39.3 面對挑戰：遵循你自身面對試煉的方式。

不論是否重新考量，你內在有著推動力去投入或避開外部衝突。

♃：面對衝突時，你的擴張性立場不會吸收或散發出恐懼感。

⊕：為了給予你對抗所有阻礙的方式一個正當理由，你限制了新穎替代選項的可能性。

39.4 聚集：在採取任何行動前，先找到統一的元素。

等待正確的機會來面對衝突，對你來說未必總是容易的事情。

☾：透過洞悉阻礙的本質，你會找到面對阻礙的能量。

☉：你傾向直接對抗衝突，而不顧情況或結果。

39.5 找到協助：透過直接面對阻礙，援助便會出現。

面對困難時，你可能會允許自己去尋求協助，也可能頑固地想要自食其力。

♆：你能夠莫名地吸引到所需的協助，找到方法繞過所有的阻礙。

♂：你堅持把面對衝突視為永久的工作，因此使他人大為光火。

39.6 疑難排解：解決問題的天賦。

有些人很享受自身擁有的問題，因此去解決他們的問題真的會惹惱他們。

☾：在嘗試解決任何問題之前，你對整體情勢的需求很敏銳。

♂：如果你不顧事實情況執意去對抗問題，反而可能會造成更大的問題！

解 傳輸

擺脫所有艱難，為自身帶來自由

運用意志力去分辨掙扎與解放的差異，
你將獲得你想要的事物。

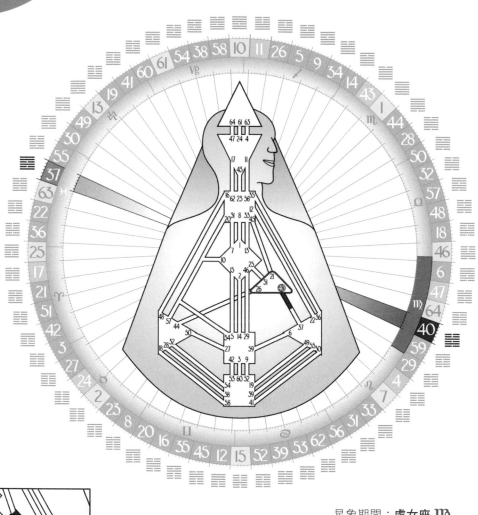

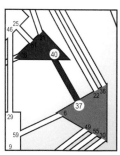

屬於通道37-40

社群的通道

中心：**心臟** 迴路：**部落／社群**

星象期間：**處女座 ♍**
星象位置：

05°45′00″ ♍ – 11°22′30″ ♍

1爻：05°45′00″ ♍ – 06°41′15″ ♍
2爻：06°41′15″ ♍ – 07°37′30″ ♍
3爻：07°37′30″ ♍ – 08°33′45″ ♍
4爻：08°33′45″ ♍ – 09°30′00″ ♍
5爻：09°30′00″ ♍ – 10°26′15″ ♍
6爻：10°26′15″ ♍ – 11°22′30″ ♍

固執的內心能量被運用於有效地成就偉大事蹟……
然後需要在抽離與獨處的狀態下休息，才能恢復元氣並消化發生的事情。
「免於某事物的自由」轉變成「賦予某事物自由」，
然後再轉變成「自由」！

疲憊
寬容 <> 輕蔑 ⟶ 決心 ⟶ 神聖意志

40.1 恢復：努力工作的心，最基本的需求就是休息。

在達成任何成就後，你要透過休息，才能最好地穩固你的狀態。

☉：你找到方式享受獨處，並且在努力後得以放鬆。

☾：你變動的情緒可能讓你質疑自己的成就，因而錯過了休息的呼求。

40.2 確定：超越潛在有限的生命特質。

在棘手的情況中清楚地找到你自身的道路，確保了你處理任何干擾的能力。

☉：你有忠於自己的自然意願，不受干擾的影響。

☾：你的敏感性讓你難以避免阻礙你自由的情境。

40.3 完整：讓你的生活方式與你泰然自我的內在狀態相符。

如果你展現意志力，你很容易會吸引到有問題的夥伴和情況。

☋：你有能力獨自闖蕩，並且運用意志力來引發轉變。

♂：任何涉及你展現意志力的活動，都會吸引到你不想要的關注！

40.4 檢驗現實：誠實地檢視拉攏不切實際夥伴的傾向。

觀點經常在改變，而你需要放掉所有給你的自由造成限制的盟友。

☿：當你只去鼓勵那些和你有類似志向的人，你也就繞過了問題。

♂：你可能堅守著早已不合適的老朋友和舊習慣。

40.5 解放：將自身隔離在外界干預之外，保持清晰。

在充滿危害的世界裡，你要求所有的夥伴都要給予支持並且有切身關連。

☿：你有信心能夠放掉阻礙你自由的關係。

⊕：你放棄自身的解放，換取那些經常干預你人生的人提供的支持。

40.6 明確立場：透過確實排除阻礙來實現自由。

你克服自身對獲得自由的不情願，並且排除任何阻礙你的人事物。

☉：你的明確信念刻意排除了所有影響你解放的阻礙。

⊕：將移除阻礙作為人生中的一個角色，可能造成你使用異常嚴厲的手段。

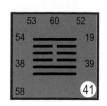

閘門
41

	53	60	52	
54				19
38				39
58				41

損 想像力
評估潛能
生活在有限的資源裡，讓夢想與幻想
浮現。

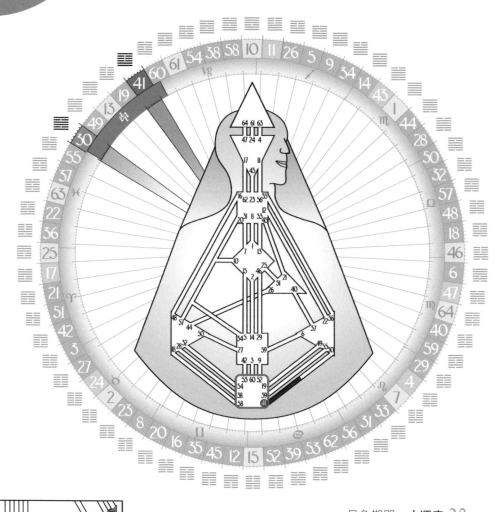

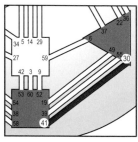

屬於通道30-41

夢想的通道

中心：根　　迴路：集體／
　　　　　　　　　　感受

星象期間：**水瓶座** ♒

星象位置：

02º00'00" ♒ – 07º37'30" ♒

1爻：	02º00'00" ♒ – 02º56'15" ♒
2爻：	02º56'15" ♒ – 03º52'30" ♒
3爻：	03º52'30" ♒ – 04º48'45" ♒
4爻：	04º48'45" ♒ – 05º45'00" ♒
5爻：	05º45'00" ♒ – 06º41'15" ♒
6爻：	06º41'15" ♒ – 07º37'30" ♒

在追尋實現滿足時，你會探索任何可能的體驗，
推動你經歷從空虛走向成就的循環。
作夢會開啟體驗的大門，帶來滿足與實現，或者帶來自給自足的無盡幻想。
當我們愛上空虛時，便創造了存在感。

幻想
夢幻（恍惚）＜＞ 過動 ⟶ 盼望 ⟶ 顯化

41.1　節制：在施與受之間找到平衡。

在處理你要如何運用自身能量的問題時，可能很沉穩清晰，也可能很剛愎固執。

Ψ：你有創意的想像力，會以有益自身與他人的方式運用資源。

☿：對自身的角色和資源有所混淆，導致你在努力的初期便陷入困境。

41.2　施與受：因你提供的服務而受到賞識。

遷就他人又不貶低自己，你能在帶來滿足的努力中找到回報。

♄：你有紀律能照顧好自己，同時也考量到他人的需求。

♂：因協助他人而要求關注與回報，你終將貶低自己。

41.3　協同效應：正確的結盟讓體驗能帶來實現和滿足。

在你所有的生命體驗中，需要選擇合適的夥伴與必要的資源。

♄：你選擇能夠經受分離與獨處時期的夥伴。

☾：你變動的本質尋求多樣的夥伴來分享你的資源與夢想。

41.4　檢視缺點：削弱你的不良習慣，提升你的好運氣。

透過承認哪些事物無法帶來實現和滿足，你便能開始吸引新的資源與體驗。

⊕：謙遜地清理你的個人問題，能夠開啟機會迎來協助。

♀：你可能會不切實際地期望他人協助，以修正你自身的缺點。

41.5　受賞識：內在清晰必能帶來報償。

觀察你和他人如何處理約束，不論你是否能完成過程。

♂：你推動著要釐清關鍵的態度，協助促進你的人生目的實現。

♀：你傾向持悲觀態度，儘管你能夠感受到自己的幸運。

41.6　實現滿足：在你擴張自身資源的同時，也帶給他人助益。

你透過內在的警覺和選擇性，豐盛了每個人。

♄：你自律的觀點強化了自身的資源，也為他人帶來擴張。

☊：你傾向避開公眾的關注，但有力量將約束轉化為大幅度的成長。

益 增加

助益

穩定增加你的內在與外在資源，為自身與他人擴展所有的體驗。

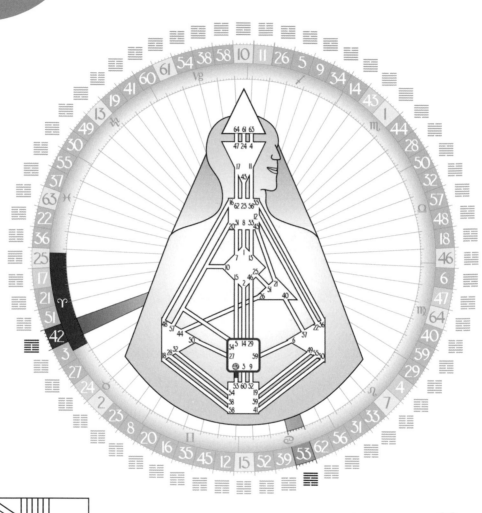

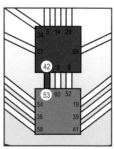

屬於通道 42-53

循環的通道

中心：**薦骨**　　迴路：**集體／**
　　　　　　　　　　　　感受

星象期間：**牡羊座** ♈

星象位置：

　　20º45'00" ♈ – 26º22'30" ♈

1爻：20º45'00" ♈ – 21º41'15" ♈
2爻：21º41'15" ♈ – 22º37'30" ♈
3爻：22º37'30" ♈ – 23º33'45" ♈
4爻：23º33'45" ♈ – 24º30'00" ♈
5爻：24º30'00" ♈ – 25º26'15" ♈
6爻：25º26'15" ♈ – 26º22'30" ♈

找到你的完整性，生命中平衡且自然進展的成長，
會鼓勵你去回應你所遇到的各種體驗。
冷靜沉著地觀察自己如何觸發成長，
你最終可能會因為自己為他人生命所做出的努力而受益。

期望

貪婪 <> 古怪 ⟶ 淡然 ⟶ 慶典

42.1　成就：偉大的作為是有可能的。

在為你自己以及他人朝眾多方向進行擴張這方面，你會質疑自己的信心。

☉：你與內在信心和肯定保持一致，能在生命的所有領域中成長。

♀：你會受到他人需求的干擾，結果讓自己承擔過多的事物。

42.2　祝福：內在與有益的事物調和。

堅定維持你的清晰意向，讓你能夠獲得間接的助益。

☉：透過辨別你的方式並且忠於該方式，你會獲得眾多報償與喝采。

♀：除非保持警覺，否則你很容易受到他人要求的影響而感覺無力招架。

42.3　勝任：在你的苦難中學習，能獲得偉大的智慧。

沒有什麼是無法成長的，你只需要帶著清晰，耐心地堅持下去。

♂：當你優雅地穿越所有的試煉與困境，便會帶來不可動搖的肯定感。

☾：你可能擁抱陰晴不定的情緒，當問題出現時，很容易讓你陷入絕望。

42.4　值得信任：給予合適的忠告，能服務到每個人。

你的機會主義本質會經常讓你深思如何協助每個人實現成長。

☾：當你考量到成長的所有面向，你會找到方法達成最偉大的成就。

♀：不成熟的狀態可能會認為團體中的夥伴比團體的成就更重要。

42.5　仁慈：不自私且清晰的志向會帶來滿足感。

你在個人方面以及共同努力中的成就，會為你帶來認同和賞識。

☉：你內在的力量以及有自信的仁慈，有助每個人維持他們的成長。

♀：你更重視對他人的真誠與同理，而非你自身的成長。

42.6　平衡：維持良好的施與受比例。

成功的步驟會帶來豐盛的結果，只要你確實遵循自身本質與軌跡。

☾：你很明智地與他人分享你自身的成長，確保每個人都受益。

♄：繼續困在你自身的成長中，可能真的會造成消耗他人的情況。

43

夬

突破
洞見

你獲得新的洞察，透過維持果敢堅
定，得以改革舊有途徑與習性。

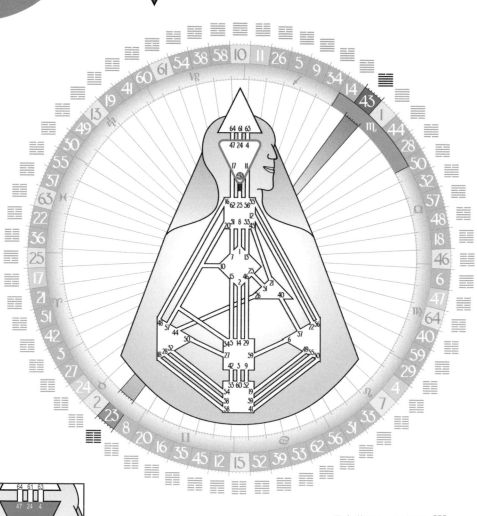

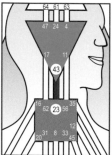

屬於通道 23-43

建構的通道

中心：**心智**　　迴路：**個體／
知曉**

星象期間：**天蠍座** ♏

星象位置：

　　　　　18°52'30" ♏ – 24°30'00" ♏

1爻：18°52'30" ♏ – 19°48'15" ♏
2爻：19°48'45" ♏ – 20°45'30" ♏
3爻：20°45'00" ♏ – 21°41'45" ♏
4爻：21°41'15" ♏ – 22°37'00" ♏
5爻：22°37'30" ♏ – 23°33'15" ♏
6爻：23°33'45" ♏ – 24°30'00" ♏

需要很大的平靜感，才能清晰傳達新的概念讓他人理解。
留意可以消除猶豫並帶來成效的火花。內耳。

聾
充耳不聞 <> 吵雜 ⟶ 洞察力 ⟶ 頓悟

43.1　警惕：無需盲目地倉促運用新洞見。

需要你的順從與意願來替換舊方式，並執行任何新的洞見。

☊：你需要強大的決心來執行你的洞見所帶來的轉變。

♀：你有著令人欣羨的美感，但有時很難執行你的洞見。

43.2　堅定：清晰的心智能帶來清晰的結果。

忠於你連結洞見的方式與否，會影響這些洞見是否能夠實現。

☊：你有著內建的方法能夠理解洞見，促進個人的轉變。

☾：你傾向積極地避開任何可能讓你的人生複雜化的人。

43.3　韌性：堅守你的立場，採行你的方式。

你在與個人洞見相關的決心或不安全感，會影響你人生的所有面向。

☊：當與你的洞見一致時，你拒絕任何對你達成自身目的方式的批評。

☾：當受到他人挑戰時，你可能對自身洞見的健全性變得不確定。

43.4　焦躁不安：如果你無法聽見賢者的忠告，你會持續猶豫不決。

當你的頭腦強烈渴望改變時，會難以臣服於生命的景況。

☿：當你在考量執行你的洞見時，你認知到客觀的必要。

♂：如果你堅持要執行顯然不可行的洞見，你會很苦惱。

43.5　直率：執行任何新洞見需要非常周密完善地進行。

你透過執行你的個人洞見來成長，或者屈服於不適當的建議。

☾：你有著感受力，知道你的個人洞見能夠成功的條件。

♀：你有著懷抱希望的期待，認為他人都準備要認同你的新洞見。

43.6　重新導向：透過洞見促進可接受且務實的成長。

你細心的客觀性會確保你的洞見能帶來持久的轉變。

☉：你利用你的客觀性來評估你的洞見，並確保這些洞見對他人是實用的。

♂：如果你只看見自己的洞見有多卓越，你很可能會遭到排斥。

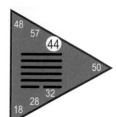

姤 模式

相遇

在相似或相異的交會中，接納與相互容忍是關鍵。

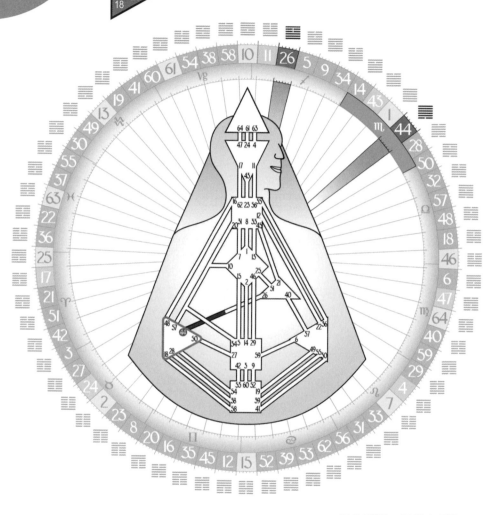

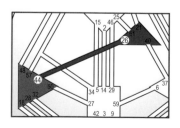

屬於通道 26-44

進取的通道

中心：脾　　迴路：部落／

企業家

星象期間：**天蠍座** ♏
星象位置：

	07°37′30″ ♏ – 13°15′00″ ♏
1爻：	07°37′30″ ♏ – 08°33′45″ ♏
2爻：	08°33′45″ ♏ – 09°30′00″ ♏
3爻：	09°30′00″ ♏ – 10°26′15″ ♏
4爻：	10°26′15″ ♏ – 11°22′30″ ♏
5爻：	11°22′30″ ♏ – 12°18′45″ ♏
6爻：	12°18′45″ ♏ – 13°15′00″ ♏

在所有的互動中，需要對相關的直覺本能線索保持警覺，
而不是因自我（分離）的操弄而分心。
透過「跟著自己的嗅覺走」，你能夠立即擷取到與生俱來的細胞記憶，
辨識生命的模式如何相互交織。

擾亂
不信任 <> 誤判 ⟶ 團結 ⟶ 共治

44.1　警覺：在與他人互動的同時，也觀察所有的內在感受。

你可能會留意你的本能警訊，也可能會忽略那些警訊，因而承受後果。

☾：你的警覺會評估潛在的複雜性，並且加以重組，給自己帶來助益。

♀：如果你在處理干擾情況時過度溫和，你最終將會衰敗。

44.2　認真盡責：提防任何會洩露自己底細的衝動。

當你克制任何草率行動的衝動時，你就能輕易地清晰面對情況。

♃：你對變動模式的警覺，讓你在面對任何事物時都能輕鬆忍受。

♂：你輕率的互動方式，可能造成你忽視了自己的直覺，因而喪失洞見。

44.3　克制：認知到偶爾需要在主張自我時有所猶豫。

信任你的本能或者需要給他人留下好印象，會讓你對自己的行動清晰或是不清晰。

♂：帶著本能的信心和驅動力，你能夠處理棘手的人和困難的情況。

♆：你經常錯誤解讀情況，而這可能造成你會因為他人的自大而感到困惑。

44.4　忍耐：在你與他人的互動中展現容忍。

清楚你自己的意向與否，讓你能夠不需要尋求他人的支持。

☾：你和他人有著清晰的關係，把他人視為你重要現實中的一部分。

☉：你經常取得他人的協助，儘管你先前曾疏遠他們。

44.5　整合：維持典範般的存在。

你與自然法則以及高度正直性保持一致，或者只要可以就占人便宜。

☋：你的卓越透過你的原則與美德散發光芒，為所有人設下明確的典範。

♂：你想方設法說服他人，操弄他們來讓自己取得優勢。

44.6　抽離：保護你自己不被淹沒。

讓你自己遠離複雜的情況，會確保你自身的健康，但也會招致批評。

☾：你有利地穿越艱難的情況，同時守住了他人的支持。

⊕：如果你太嚴肅看待自己，你會錯失生命帶來的諸多樂趣。

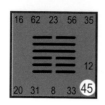

閘門
45

萃 **聚集**
統領（國王或王后）
堅定為每個人提供最佳支持，能聚集
強大的社群。

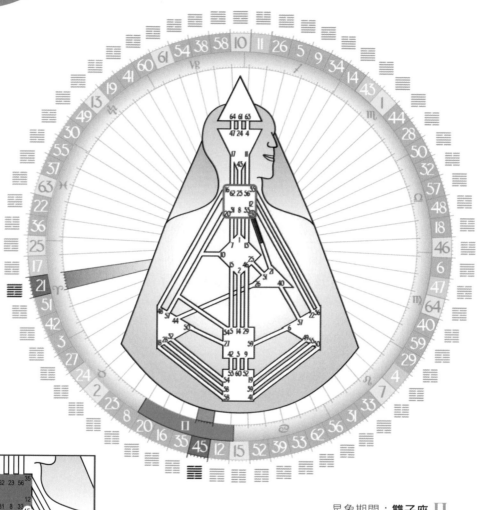

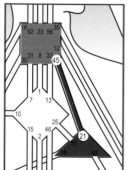

屬於通道 21-45

金錢的通道

中心：喉嚨 　　迴路：部落

星象期間：**雙子座** Ⅱ

星象位置：

　　　　17°00'00" Ⅱ – 22°37'30" Ⅱ

1爻：17°00'00" Ⅱ – 17°56'15" Ⅱ
2爻：17°56'15" Ⅱ – 18°52'30" Ⅱ
3爻：18°52'30" Ⅱ – 19°48'45" Ⅱ
4爻：19°48'45" Ⅱ – 20°45'00" Ⅱ
5爻：20°45'00" Ⅱ – 21°41'15" Ⅱ
6爻：21°41'15" Ⅱ – 22°37'30" Ⅱ

> 所有處於領導地位的人都必須是穩定且正直的存在，
> 透過展現自身的清晰，方能在生命中找到共識。
> 你為人民的福祉提供教育。這是與物質成就相關的社群聲音。
>
> 主導
> 羞怯 <> 自負 ⟶ 協同 ⟶ 交融

45.1 融合：找到與他人的共同點後再往前進。

你在任何領導角色中的開放與堅定，會激發受領導者的支持。

♃：你清楚的內在意向擴展了你接受物質和心靈協助的能力。

♂：你天生對他人有吸引力，可能會被他人的問題給淹沒。

45.2 貢獻：信任你所吸引的指引與夥伴。

對你所吸引到的夥伴保持開放或封閉，會決定你所接收到的祝福有多少。

☊：你和你的夥伴自然協調，為意料之外的祝福敞開大門。

♂：你傾向獨力闖蕩，而非感激你的夥伴所帶來的祝福。

45.3 分離：在生命中前進，但沒有明顯的支持或共識。

你可能發現如何聚集資源與支持，或者可能發現麻煩而造成困難。

♆：你和階級中的運作深度協調，有直覺知道如何獲得資源。

♂：因沒能找到共識而感到失望，你可能會問：「我真的想要投入嗎？」

45.4 勇敢：無私地致力於成就所有人的利益。

透過朝著比個人更崇高的目標前進，讓你對他人充滿吸引力。

♃：你的內在與更崇高的人生意義保持一致，在物質層面上協助了每個人。

♂：你勇於追求個人物質的成功，同時也對他人有助益。

45.5 品德高尚：吸引他人信任的美德。

你的獨立態度或者享受權利的態度，會影響他人對你的觀感。

☊：你的創新領導方式對他人有著自然的吸引力。

♃：若要採取輝煌的方式來領導他人，你必須要很務實才能有效益。

45.6 自我依靠：相信你會獲得自身所需。

你不受他人態度的影響，抑或在物質上面臨挑戰時就屈服投降。

☊：你依靠內在的獨立性取得成功，儘管你採用了非正統的技巧。

♃：讓「失敗」往心裡去，會讓你感到懊悔。別忘了要知足！

閘門
46

升 機緣
自我決心

成長與好運來自投入、誠實與真摯，
或者單純只是在對的時間、帶著對的
態度、出現在對的地方。

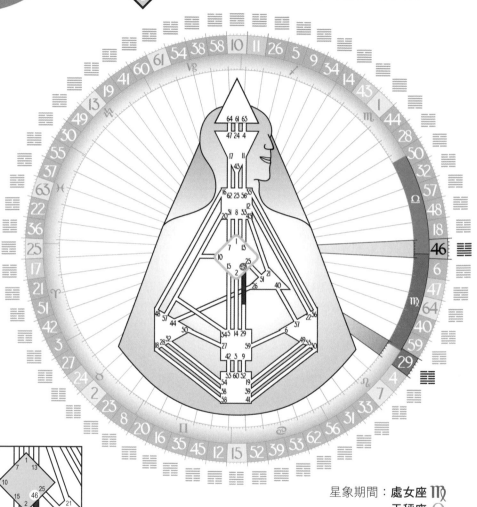

屬於通道 29-46

發現的通道

中心：**自我定位**　　迴路：**集體／感受**

星象期間：**處女座 ♍**
　　　　　　天秤座 ♎

星象位置：

28°15'00" ♍ – 03°52'30" ♎

1爻：28°15'00" ♍ – 29°11'15" ♍
2爻：29°11'15" ♍ – 00°07'30" ♎
3爻：00°07'30" ♎ – 01°03'45" ♎
4爻：01°03'45" ♎ – 02°00'00" ♎
5爻：02°00'00" ♎ – 02°56'15" ♎
6爻：02°56'15" ♎ – 03°52'30" ♎

> 小小的收穫最終將帶來大大的成就。
> 愛你的身體就等同於愛你的聖殿，
> 也等同於愛這個在你寶貴人生中傳達你自身本質的載體。
>
> 嚴肅
> 冷淡 <> 輕佻 ⟶ 滿足 ⟶ 欣喜若狂

46.1 倡議：內在信念受到尋求追隨你的人所認同。

你固有的信心，抑或缺乏成長的意願，可能引來協助，也可能不會。

Ψ：你個人對生命的承諾，確保了你同時以明顯以及看不見的方式成長。

♃：如果你堅持只靠自己的努力來發展，你可能會錯過一些潛在的盟友。

46.2 擴展：不論喜歡與否，所有目光都在你身上，而且你是能兌現承諾的！

就算只有不多的資源，而且沒有他人的認可，你還是能透過做自己而成長。

☉：你清明的真誠伴隨聰明的本質，確保了成功。

♂：野心勃勃地想要取得認同與成功，可能讓你不被他人賞識。

46.3 進展：在生命中不帶疑慮地向上提升。

當進入未知領域時，你不需遲疑太久，因為你對自己很清楚明晰。

☾：你的內在與人生旅程的所有階段協調同步，讓你能輕易地在生命中前進。

♂：由於生命中沒遇到什麼阻力，因此，你可能試著透過運用不成功的關係連結來取得進展。

46.4 實現：保持忠於你內在對成長的承諾。

你因為承諾要在生命中成長而獲得認同，讓你能夠輕鬆地前進。

⊕：由於你能輕鬆達到成長，因此讓你獲得他人的信任而在生命中更進一步。

☋：你相信成長是生命過程的一部分，因而可能沒有感謝提供協助的人。

46.5 前進：自然的強力發展，需要強大的內在美德。

你在你的人生旅程中持續成長，不論你是否能看見明顯的進展跡象。

☾：你在生命所有的階段保持自身的平衡，能夠帶來成功且持久的成長。

Ψ：迷失在想像中，讓你偏離了穩固成長所需的一致性。

46.6 重新評估：強制性的進展，需要經常性的警覺。

重新檢視你在人生中的努力，讓你能決定哪些人事物能夠獲得你的能量與關注。

♄：當你總是很實際地與人生連結，你便能隨時準備好與他人互動。

Ψ：你只信任自己的靈性特質，因此可能和當下的需求脫節。

困 領悟

心智枯竭、靈光乍現的時刻

理解來自持續過濾心智的內容物並移除半真實或不真實內容的過程，然後放鬆讓領悟發生。

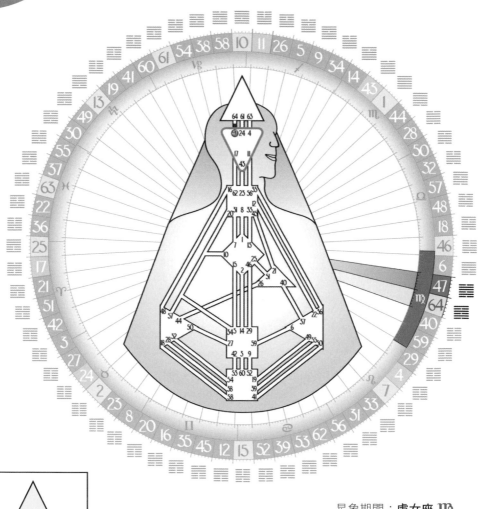

屬於通道64-47

抽象思考的通道

中心：**心智**　　迴路：**集體／感受**

星象期間：**處女座** ♍
星象位置：

　　　　17°00'00" ♍ – 22°37'30" ♍

1爻：17°00'00" ♍ – 17°56'15" ♍
2爻：17°56'15" ♍ – 18°52'30" ♍
3爻：18°52'30" ♍ – 19°48'45" ♍
4爻：19°48'45" ♍ – 20°45'00" ♍
5爻：20°45'00" ♍ – 21°41'15" ♍
6爻：21°41'15" ♍ – 22°37'30" ♍

> 有些事情是合理的，有些事情是不合理的，
> 還有些事情則是完全沒有道理可言。
> 你會檢視過去的連結，以體悟出其中的區別。心智有其限制……
>
> 　　　　壓抑
> 無望 <> 壓抑心智 ⟶ 蛻變 ⟶ 形態轉變

47.1　重新檢視：真理是恆常的，但有時會隱藏起來。

透過心智上的自我檢視，你能夠排除無效的信念，否則你可能會有被淹沒的感覺。

♄：你深思熟慮的特質會關注頭腦並過濾掉自我挫敗的思考模式。

Ψ：不切實際的希望感受，使你過度依賴頭腦對生命的理解。

47.2　幸運：與有共鳴的理念為伍，能推進你的旅程。

外在爭執很容易變成內在爭執，除非你能完全迴避他人的爭吵。

♄：內在的穩定性讓你能遠離頭腦持續做比較的機制。

☿：由於頭腦的不確定，因此很重要的是你要透過連結你的權威來做決定。

47.3　困惑：純粹頭腦的觀點可能會不切實際地受限。

持續認為事情比實際情況還糟，是通往抑鬱沮喪最快的方式。

♃：放輕鬆去深刻地信任自己與生命，真相終究會向你揭露！

♂：試圖透過你的思緒來為你的人生目的賦予正當意義，會引發深度的不滿。

47.4　保持焦點：在混亂的世界中保持你的道路。

透過堅持不懈，你能在他人陳腐且疲弱的觀點中找到你的道路，抑或你會放棄。

♄：你深思熟慮的方式能找出明顯的固定議題以及過時的信仰系統。

☾：你與生命中許多不同的可能觀點調和，可能造成個人的困惑。

47.5　背書：理清明顯不可能的情境。

不論一開始的情勢如何，你仍舊保持堅定，因而為所有人帶來喜悅與寬慰。

♀：普世和諧的實現，其中納入了每個人、甚至包括詆毀你的人。

☿：當你遵循自身清晰的原則，真相便會顯現。

47.6　懊悔：對於「意義何在？」有著揮之不去的感受。需要超越頭腦。

你不可能既要透過思考找到人生道路，同時又想要活出完整的人生。

☉：透過持續的自我檢視，你會瞭解到自己的頭腦在理解人生的能力上是受限的。

⊕：困在眾多且通常不相關的考量中，你會發現自己很難在生命中前進。

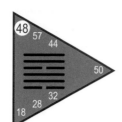

井
井
新鮮與深度、知識
建立與重新確立跟無盡知識泉源的連結，能帶來填補。

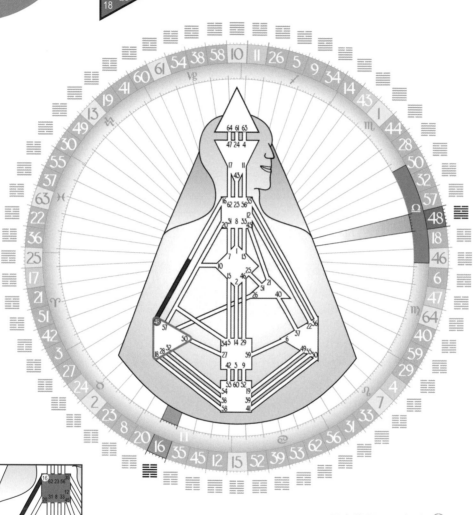

屬於通道16-48

才華的通道

中心：**脾**　　迴路：**集體／
邏輯**

星象期間：**天秤座** Ω
星象位置：

　　　　09°30'00" Ω – 15°07'30" Ω

1爻：	09°30'00" Ω – 10°26'15" Ω
2爻：	10°26'15" Ω – 11°22'30" Ω
3爻：	11°22'30" Ω – 12°18'45" Ω
4爻：	12°18'45" Ω – 13°15'00" Ω
5爻：	13°15'00" Ω – 14°11'15" Ω
6爻：	14°11'15" Ω – 15°07'30" Ω

當我們擷取並運用來自自然源頭的知識，方能創造地球上的文明。
井是水的源頭，是維繫所有生命的重要泉源。
閘門48與味覺有關。

劣質
不足 <> 渴望 ⟶ 機智 ⟶ 智慧

48.1 找到意義：迅速辨識你生命中相關與不相關的事物。

你可能會適應每個新的時刻，或者可能會發現生命令人不悅，因而變得心煩意亂。

☾：你與生命帶給你的各種天賦自然調和。

♂：在雞蛋裡挑骨頭，你很難滿足於生命單純的樂趣。

48.2 惡化：需要持續更新你的天賦。

你的才華在受到忽視時會劣化，或者你因為拿自己和他人做比較而分心時，也會讓才華劣化。

☊：透過生命帶來的挑戰促進成長，讓你能轉化自己的能力。

♀：當你因為生命中的其他影響而分心時，會無心運用你的天賦。

48.3 承認：信任你的適應天賦。

你遲早會因為你的才華和能力而受到賞識，只要你能相信並堅持下去。

☾：你有耐受性能夠擴展你的天賦，好讓這些天賦能受到所有人的賞識。

☿：由於恐懼和擔憂你會遭到忽視，反而可能使這樣的憂慮成真。

48.4 更新：定期重新評估和更新，能讓你所有的天賦受益。

在休息、復原和重新評估的過程中，你的內在深度和清晰會獲得檢視與擴展。

☉：你把維持自己人生的秩序視為首要任務，準備好迎接延伸進入他人生命的機會。

⊕：當企劃遭遇阻礙時，你會傾向過度認同那些消耗你能量的企劃。

48.5 利用：認知到你有許多的天賦，而且需要運用它們。

若要運用你的能力帶來廣大的助益，就需要你在每一刻保持清晰。

♂：透過細細品味每一刻，你會認同那些最容易對每個人有益的天賦。

☾：如果你質疑自身的天賦因而採取其他方式，你的作為並不會帶給你滿足。

48.6 填補：透過滿溢的源頭來分享，會帶來滿足。

美妙的滿足感來自能開放地和他人分享你廣泛的天賦。

♀：透過分享你的理解與才華源頭，能給你的世界帶來和諧。

☾：陰晴不定與不確定感，可能造成你會受到他人哄騙而分享你的天賦。

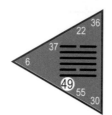

革 改革
原則、反叛者
除去情緒的「舊事物」，藉以支持符
合特定原則的「新事物」。

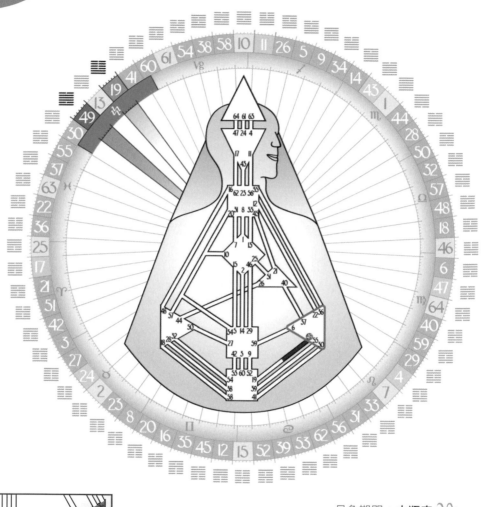

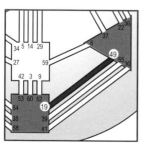

屬於通道 19-49

敏感的通道

中心：**情緒**　　迴路：**部落／
社群**

星象期間：**水瓶座** ♒

星象位置：

18°52′30″ ♒ – 24°30′00″ ♒

1爻：	18°52′30″ ♒ – 19°48′15″ ♒
2爻：	19°48′45″ ♒ – 20°45′30″ ♒
3爻：	20°45′00″ ♒ – 21°41′45″ ♒
4爻：	21°41′15″ ♒ – 22°37′00″ ♒
5爻：	22°37′30″ ♒ – 23°33′15″ ♒
6爻：	23°33′45″ ♒ – 24°30′00″ ♒

任何改革都會帶來一波轉變，
必須要有正確的時機而且要感覺務實，才能有持久的效益。
「『不！』的反應」演進為「改革」，然後再演進為「反叛」。
閘門 49 是哺乳類動物之間的跨物種橋梁。

反應
遲鈍 <> 拒絕 / 反動 ⟶ 變革 ⟶ 重生

49.1 等待正確時機：保留你的能量，直到你獲得清晰。

注意到許多變動的潛能，你覺察到要等待正確的情境。

♃：你在所有情境中的可敬行為能促進你的成長。

☉：為了誘發理想的改變，可能造成你持續賦予自身正當性。

49.2 堅定：預想改變的正確結果。

認知到改變是需要的，你可能堅守穩固的原則，或者為了改變而行動。

⊕：踏實的性格讓你能在改變的時刻來臨時堅守住原則。

☉：混亂的情況可能造成你反轉一切看來已經解決的事物。

49.3 告知：在改變的時刻尋得他人的支持。

在動盪的時刻，每個人都需要有相互的協議，準備好迎接改變。

♆：你的敏感性能理解改變的原則，並且告知他人即將發生的事情。

☉：困在改變的戲碼裡，你對他人的需求變得漠然。

49.4 做好準備：累積能量與動力，迎接徹底的改變。

發自內心與你的真實保持一致，抑或是單純的機會主義者，你可能讓社會豐盛或者消耗社會資源。

♃：你對社會需求的擴張性概觀，讓你能夠執行有益所有人的改變。

☾：你強而有力的本質，可能在動盪的時期占他人便宜。

49.5 有感受力：有內在的感覺能辨別改變的正確性。

看見改變的需要，你會在他人的同意下支持他們，或者透過支持來控制他們。

☾：你與每個人密切合作，協助他們更容易地度過動盪時期。

♂：你對他人缺乏耐心，可能促使你試圖迫使他們改變。

49.6 感激：滿足於擴展先前的改變。

伴隨所有的改變，當每個人都適應新環境時，便可能帶來進一步的成長。

♆：賞識你自己和他人，能夠支持每個人放下舊事物，並在新環境中成長。

♄：如果你在轉換過程中尋求完美，可能會很難讓他人感受到賞識。

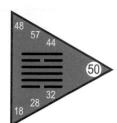

鼎 價值觀
穩定性

尊重智慧並為價值觀負責，為地方社群與整體社會帶來了豐盛。

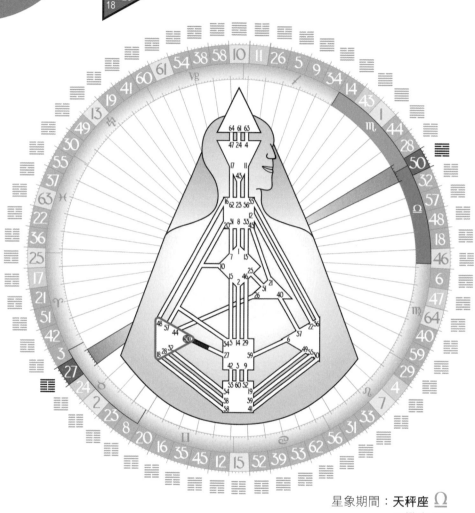

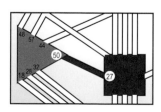

屬於通道 27-50

守護的通道

中心：脾　　　迴路：部落／
　　　　　　　　　防禦

星象期間：天秤座 ♎
　　　　　　天蠍座 ♏

星象位置：

	26°22′30″ ♎ – 02°00′00″ ♏	
1爻：	26°22′30″ ♎ – 27°18′45″ ♎	
2爻：	27°18′45″ ♎ – 28°15′00″ ♎	
3爻：	28°15′00″ ♎ – 29°11′15″ ♎	
4爻：	29°11′15″ ♎ – 00°07′30″ ♏	
5爻：	00°07′30″ ♏ – 01°03′45″ ♏	
6爻：	01°03′45″ ♏ – 02°00′00″ ♏	

透過負責維持並提倡有益的價值，將靈性與世俗的力量結合。
該價值包括傳統的價值或創新的價值，
但都要與任何情境的重要需求相關。

腐敗
不負責任 <> 過度負荷 ⟶ 平衡 ⟶ 和諧

50.1　重新開始：消除舊有特質，遵從新的特質。

清楚瞭解先前採納的價值觀在你的生命和社區可能已經不再合適。

♂：精煉的動力推促著你運用各種方式來達成你的目的。

♀：對於你原有的價值觀全都感到不滿意，因而開啟了借用他人價值觀的傾向。

50.2　堅定立場：避免誘惑讓你偏離了自然的道路。

堅守你的價值觀或屈服於外在壓力下，你總是會接受其後果。

☉：強力守護你的價值觀，反映出你的內在平靜，不受他人反應的影響。

♀：當與他人的價值觀起衝突時，你傾向自我防衛，而且很容易妥協。

50.3　釐清：很清楚知道你會優先認同並遵循自身真正的價值觀。

當你遵循自身的價值觀，你會獲得所需的支持，但可能會後悔接受協助。

☾：由於覺察到你需要支持，因此你建立了必要的價值觀來取得支持。

☿：你可能過度使用腦袋來為你的價值觀和你對於被接納的需求之間取得平衡。

50.4　合格：在拙劣的環境中要維持正確的價值觀，需要處於當下。

在所有情境中，價值觀都需要對應當下真實的需求。

♄：深思熟慮的特質確保了你的價值觀能符合每個情境的需求。

♂：你亟欲展現尚未成形的價值觀來達成某種結果，反而會造成混亂。

50.5　提升：維持警覺以辨別哪些價值觀最有助益。

你能辨識抑或忽視價值觀與服務眾人的行為之間的相互關係。

♄：面對改變的壓力時，你有足夠的智慧堅守著適當的價值觀。

♂：在匆忙投入生命之際，你可能忽視了能夠服務自身與他人的真正價值觀。

50.6　鼓舞：持續一致地支持能服務所有人的價值觀。

你帶著清晰與智慧設下典範，不論你是否與他人緊密連結。

♀：你內在和諧的力量，推促著他人體悟到生命中重要的價值觀。

☾：你偶發的陰晴不定特質可能讓你的清晰感遭到瑣事蒙蔽。

震 激發
震驚、惱怒
個人發起跟分裂、重整以及劇烈改變
相關的行動。

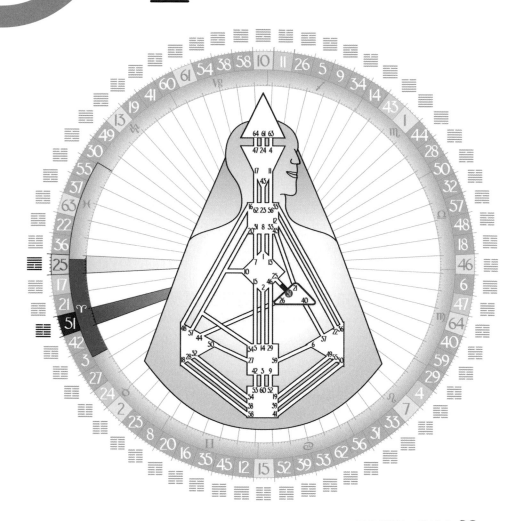

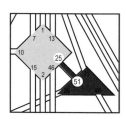

屬於通道 25-51
開創的通道

中心：心臟　　　迴路：個體／
中央

星象期間：**牡羊座** ♈

星象位置：

　　　　　　15°07′30″ ♈ – 20°45′00″ ♈

1爻：15°07′30″ ♈ – 16°03′45″ ♈
2爻：16°03′45″ ♈ – 17°00′00″ ♈
3爻：17°00′00″ ♈ – 17°56′15″ ♈
4爻：17°56′15″ ♈ – 18°52′30″ ♈
5爻：18°52′30″ ♈ – 19°48′45″ ♈
6爻：19°48′45″ ♈ – 20°45′00″ ♈

雷聲是撼動天堂的衝擊波，會把我們震醒。
它讓我們覺醒，感激生命中有時仍有被遺忘的力量在作用著，
而且生命中也還有不同的可能性可以嘗試。
突如其來的晴天霹靂能使自我分離昇華，並躍入忠於個人的現實裡。

焦慮
怯懦 <> 激動 ⟶ 提倡 ⟶ 覺醒

51.1 激起：透過各種的干擾來成長。

戲劇性的改變可能令人擔憂，直到你接受它所帶來的轉變。

☽：轉變是你的本質，而你發現要適應戲劇性的情況相對容易。
♀：你對震驚和其所帶來的煩擾非常敏感，經常希望能夠避開。

51.2 生存：認知到暫時性煩擾的真實本質：那是短暫的。

一切事物都會變換，如果你能耐心等待，你就能超越震驚與表面的挫敗。

♂：在勢不可擋的情境中，你自信地採取適時的規避動作。
☿：頭腦的猶豫不決經常造成你在震驚的情況中錯失正確的行動時機。

51.3 沉著：學習遵循自然的法則。

在震驚的時刻，你可能會透過冷靜調整配合內在的改變來成長，也可能不會。

☉：處理干擾的力量，與你冷靜找到穿越方法的能力有關。
♃：你可能認為震驚是對你的自我公然羞辱，迫使你要與生命對抗。

51.4 無特定架構：超越習慣性的反應……「打破常規」

戲劇性的時刻會帶來機會，你可能會抓住機會，也可能會漏接。

♀：你的靈性戰士因為震驚事件而感到興奮，接受所有的挑戰。
☿：試圖透過腦袋運作來掌控激烈的戲劇性與震驚，可能會造成混亂。

51.5 可靠：接受反覆的震驚帶來的所有改變。

你透過遵循你的內在指引，穿越所有的干擾，達成你的目標。

☉：你有著內在力量，能夠在所有極端的情況中找到你自己和他人的真實。
♂：你可能過度投入處理干擾，因而偏離了你的旅程。

51.6 再生：鳳凰從餘燼中重生。

震驚帶給你戲劇性的轉變，從舊有的共識、信念和理解轉移到新的。

☉：你的本質能在所有形式的激烈挑戰中忍耐、成長、甚至茁壯。
☽：在生死關頭的情境中，你對重大的干擾與災難感同身受。

閘門 52

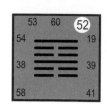

艮 山

靜止不動

你的內在平靜，能讓你洞悉生命中的所有情境。

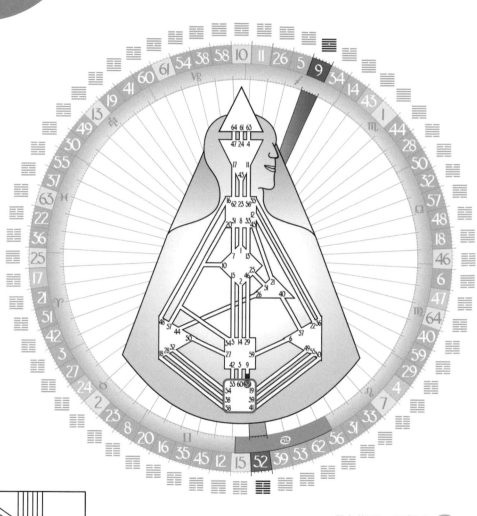

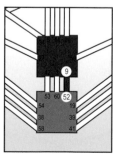

屬於通道 9-52

專注力的通道

中心：**根**　　迴路：**集體／邏輯**

星象期間：**巨蟹座** ♋
星象位置：

03º52'30" ♋ – 09º30'00" ♋

1爻：03º52'30" ♋ – 04º48'15" ♋
2爻：04º48'45" ♋ – 05º45'30" ♋
3爻：05º45'00" ♋ – 06º41'45" ♋
4爻：06º41'15" ♋ – 07º37'00" ♋
5爻：07º37'30" ♋ – 08º33'15" ♋
6爻：08º33'45" ♋ – 09º30'00" ♋

> 高山沉靜穩固地矗立，凝視下方山谷中的騷動，
> 帶來一種平靜的存在……見證著一切。
> 冥想為你的生命旅程帶來安康與健全。從山頂上享受這景色吧！
>
> 壓力
> 受困 <> 躁動 ⟶ 抑制 ⟶ 平靜

52.1 採取行動前先暫停：內在的靜止不動本身已經足夠。

你能堅定地採取適當的行動，或者焦慮地任意採取行動，會影響到生命中的每件事。

⊕：你在生命中怡然自得，能夠停下來做個人反思，然後才採取任何行動。

♂：你很焦躁不安，難以耐心等待，而且經常把自己投入在不切實際的理念中。

52.2 靜止並得知：釋放關於你明顯不行動所產生的恐懼與擔憂。

當受到外界影響所吸引時，很重要的是保持忠於自己的道路。

♀：你會停下來取得清晰，看見你的外在現實反映出你內在的存在本質。

♂：你可能很容易深陷在各種不完全對你有益的事件中。

52.3 順從：在沒有事情需要發生的時刻裡，有著內在的沉著。

你拒絕採取行動去累積不必要的資源，或者變得緊迫受壓並感到怨恨。

♄：你深思熟慮的本質，讓你能夠停下來恢復自身能量，並且重新檢視你的目的。

♀：受到壓力試圖在受限的環境中找到和諧，你會找到的不多。

52.4 保持不動：避免強烈的衝動想要採取行動來對抗焦躁不安感。

你透過自我掌控來避免魯莽的行動，或者在不行動時有感到挫折的傾向。

♄：你透過深思熟慮與溫和的自制，擁抱自我掌控與個人自由。

♃：你在不行動的時刻會懷疑自己的人生目的，因而傾向試著讓自己忙碌。

52.5 留意：話語和行動未必是相同的。

在給予引導時小心仔細，或者把你說的和做的給混淆了。

⊕：你很安然自在，關於你所說的、為何需要行動、何時需要行動、以及如何採取行動，都是值得信賴的。

☋：直言不諱的評論會帶來轉變，但當你被誤解時也會帶來懊悔。

52.6 意義：在你的內在靜止中找到清晰。

你平靜的感激來自內在的穩定，不受所有外在壓力的影響。

♀：內在的發展帶來平靜，讓你融入生命的奧祕中。

Ψ：你富有想像力的特質進入靜止不動的核心內，與世界隔離。

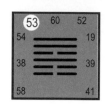

閘門
53

漸 **新的開始**

發展

逐步的進展是個有機的過程，能帶來
日益增長的自我理解與體驗。

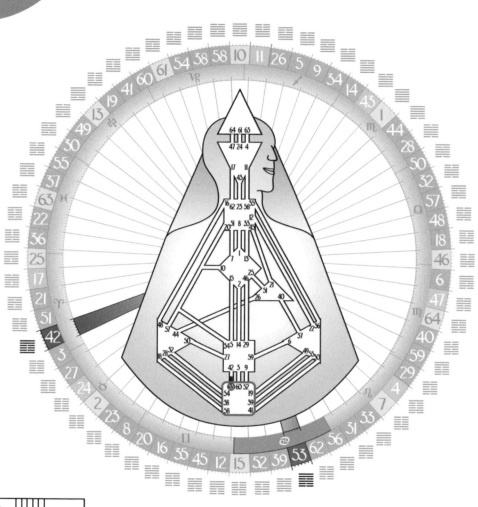

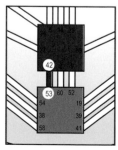

屬於通道 42-53

循環的通道

中心：**根**　　　迴路：**集體／
感受**

星象期間：**巨蟹座** ♋
星象位置：

15°07′30″ ♋ – 20°45′00″ ♋

1 爻：15°07′30″ ♋ – 16°03′45″ ♋
2 爻：16°03′45″ ♋ – 17°00′00″ ♋
3 爻：17°00′00″ ♋ – 17°56′15″ ♋
4 爻：17°56′15″ ♋ – 18°52′30″ ♋
5 爻：18°52′30″ ♋ – 19°48′45″ ♋
6 爻：19°48′45″ ♋ – 20°45′00″ ♋

> 你感受到要展開某事物的壓力……任何事物，
> 只要是新的事物、不同於過往經歷的事物。
> 那是在沒有多加思考的情況下就被吸引進入各種體驗與計畫的現象……
>
> 　　　　　　幼稚
> 　　善變 <> 固定　──→　延展　──→　超級豐盛

53.1　開始：大幅度的進展來自考量周全的開始。

你透過琢磨自身展開新冒險的能力，在生命中成長。

Ψ：守住你的視野並依賴你自身的力量，讓你能在新的生命體驗中成長。

♀：來自那些你想要留下好印象的人所給予的批評，容易讓你受到影響，阻礙你的發展。

53.2　幸運眷顧：對你的成長有著安全感。

只要你能時時留意自己的內在指引，成長可以很輕鬆自在並且與人分享。

☾：集中且擴張性的成長，很容易出現在你生命中的各個層面。

♂：內在態度的輕忽，讓你很容易屈服於恣意成長的壓力。

53.3　仔細檢視：在投入所有新的努力時，要仔細觀察你的步驟。

要清楚知道你無法總是預期到你的發展會對他人帶來什麼影響。

☾：你取用自身的內在力量，在所有情況中找到成長的潛能。

♂：你有可能把自己的能量消耗在與生命的搏鬥上，而不是運用在生命的成長。

53.4　機靈：在所有新的情境中找到你的平衡。

當在壓力之下前進時，你依靠自身的內在穩定，或者你可能屈服於壓力。

☾：你的內在平靜維護了你的成長，能穿越任何困難的情況。

♀：在他人期望的壓力下，你會在新的情境中尋求個人成長。

53.5　穩定前進：在所有的擴張中，你會面臨外來的壓力。

你忠於自身的成長方式，抑或被生命的壓力給淹沒。

Ψ：你以自己的方式適應任何情況，與成長深度協調同步。

⊕：過度深陷於一個過程當中，可能讓你偏離自身自然的成長。

53.6　帶來助益：有著無窮無盡的自然天賦去服務他人。

在你自身的成長中，你展現服務與典範，觸及他人的人生。

☾：你持續忠於自己的成長道路，成為他人的優秀典範。

☋：你擁抱轉變與成長，但並非總能認知到那會如何影響他人。

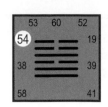

53	60	52
54		19
38		39
58		41

歸妹 企圖心

涵蓋物質層面與心靈層面

要在生命中有所進展,首先要致
力於自身的獨立自主,然後再尋
求外在的協助。

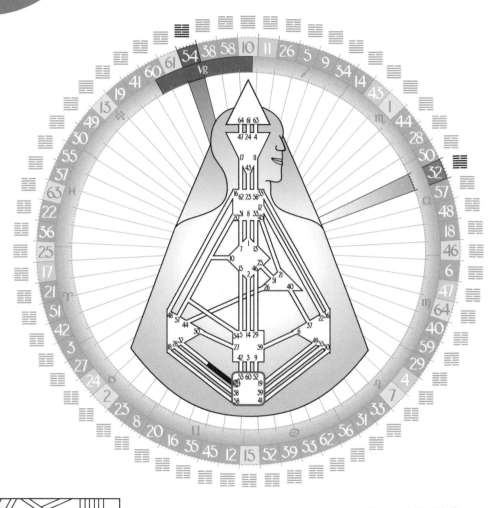

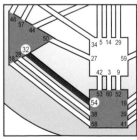

屬於通道 32-54

轉化的通道

中心:**根**　　迴路:**部落/
企業家**

星象期間:**摩羯座 ♑**

星象位置:

　　　　15°07′30″♑ – 20°45′00″♑

1爻:15°07′30″♑ – 16°03′45″♑
2爻:16°03′45″♑ – 17°00′00″♑
3爻:17°00′00″♑ – 17°56′15″♑
4爻:17°56′15″♑ – 18°52′30″♑
5爻:18°52′30″♑ – 19°48′45″♑
6爻:19°48′45″♑ – 20°45′00″♑

在經常變得貶低、甚至可能有失尊嚴的處境下，
你仍能維持自身平衡，與自身的指引同調，
這會引導你找到自己的力量和前進的道路。

貪婪
漠不關心 <> 貪心 ⟶ 志向 ⟶ 揚升

54.1　自信：即使在卑微的處境中，也要忠於你自己。

你透過與提供支持的人連結來完成生命中的每一件事。

☽：你在生命中成長，不受可見的限制影響，因為你有許多夥伴。

♀：尋求「政治正確」的關係，而非和真正能夠協助你的人連結。

54.2　決心：堅守你的轉變願景。

你對於自己認定是「對的」事情有清晰的洞見，或者覺得自己有權利獲得特別的協助。

♄：和那些協助你的人維持良好的互動品質是很重要的。

♂：你偶爾的輕率態度，可能會讓你去利用那些在你生命中有影響力的人。

54.3　審慎：輕率行徑可能造成需要妥協和讓步。

你耐心地避免抄捷徑來達成轉變，或者你可能會抓住每個抄捷徑的機會，因而面臨重大考驗。

☽：納入許多不同的結盟以在生命中前進，讓你能夠超越自身的限制。

♀：你和任何可能協助你在生命中前進的人連結，因此需要妥協和讓步。

54.4　啟發：認知到生命的存在已經為我們做好計畫。

最純粹的轉變形式，你領悟到自己想要的未必是值得擁有的，然後找到方法與該情況共存。你找到平靜，也找到地球層面與靈性層面之間的平衡。（每個行星在這條爻線都有各自獨特的交互作用。）

54.5　找到靈性：在你生命中的所有面向堅守崇高的原則。

你準備好要協助當下所需，並且維持穩定性以迎接轉變。

☉：帶著你的聰明本質，你特地確保了必要的事物能夠發生。

⊕：如果你過度認同生命中的世俗面向，你會限制了自己的轉變潛能。

54.6　政治正確：對自己的人生目的與真誠保持警覺。

為那些重要的互動關係賦予能量，或者只是被看見「在做正確的事」。

♄：誠實面對你的動機，你會守住尊敬且有利的關係。

♃：浪費能量在「做正確的事」，你承認轉變不太可能發生。

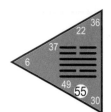

閘門 55

豐 **豐盛**

心靈

靈性的本質無法以理性分析，但能夠在各式各樣的表達中達致豐盛。

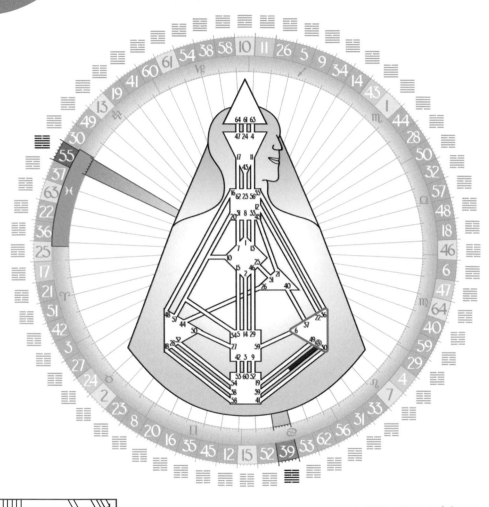

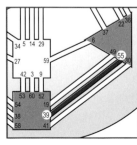

屬於通道 39-55

感性的通道

中心：**情緒**　　迴路：**個體／知曉**

星象期間：**雙魚座** ♓
星象位置：

00°07′30″ ♓ – 05°45′00″ ♓

1爻：00°07′30″ ♓ – 01°03′45″ ♓
2爻：01°03′45″ ♓ – 02°00′00″ ♓
3爻：02°00′00″ ♓ – 02°56′15″ ♓
4爻：02°56′15″ ♓ – 03°52′30″ ♓
5爻：03°52′30″ ♓ – 04°48′45″ ♓
6爻：04°48′45″ ♓ – 05°45′00″ ♓

有時，戲劇性的情緒波會無來由地湧現。
要讓情緒觸發創意，必須同時知曉憂鬱與喜樂。

受害者情結
受害 <> 抱怨 —→ 自由 —→ 自由！

55.1 連結：對那些有著類似想法與感受的人保持開放與接納。

你會與有著類似頻率的人連結，或者純粹以社交上的目的來尋找夥伴。

♃：你透過與那些有著類似性格的人為伍來促進生命的豐盛。

♀：你出於社交性的考量與他人連結，而非考量共同性。

55.2 保持純真：在被質疑包圍時仍保持自我。

你因為自身的理想而引發他人的質疑，而且可能被他人的不信任所脅迫。

♀：你信任自己的感受，與那些生活方式貼近你自身現實狀態的人連結。

⊕：你希望被認定是有價值的，因此會在受挑戰時極度心煩意亂。

55.3 失色：在充滿挑戰的環境中，表現出最佳狀態。

遭受阻礙時，你能找到耐心與自身靈性的力量，或者你可能感覺被迫要做出反應。

♄：你擁有情緒上的紀律，能夠穿越失敗，而非深陷其中。

♂：你可能感覺失敗是種個人的恥辱，因此會做任何事來保護你那消沉的心靈。

55.4 光明：你的內在智慧散發光芒，引導身處困境中的人們。

你找到真正珍惜你的靈性的人，可能會做出明智的決定，也可能冒險一試。

♃：你的靈性本質與他人結盟，做出明智的決定，帶來豐盛人生。

♂：透過你的靈性本質來吸引他人，你很容易會倉促做決定，因而帶來煩擾。

55.5 忠告：清楚瞭解你所擁有的夥伴。

你的內在和諧為自己和他人帶來寬宏的心靈以及豐盛的人生。

☊：透過創新運用你的理想以及他人的提議，你提供了美好的豐盛。

☉：聰明地投入他人的提議，但可能感覺受到制約與限制。

55.6 無私：你的世界有著開放的觀點以及許多包容的空間。

如果你不留意的話，很容易就會遺棄了那些比你不幸的人。

♄：你擁有紀律，能夠運用你的豐盛來推進自己和他人的人生。

☾：如果你太嚴肅看待自己，你會錯失生命帶來的諸多樂趣。

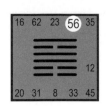

16	62	23	(56)	35
				12
20	31	8	33	45

旅

漫遊者
激勵、遊歷

內在世界的移動與視野，反映在外在
世界的移動與視野上。

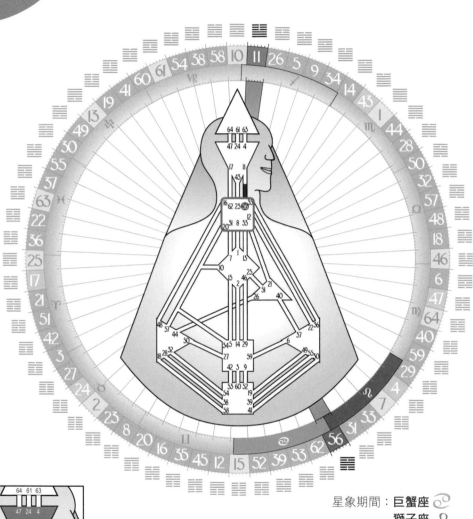

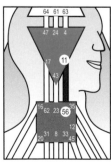

屬於通道11-56

好奇心的通道

中心：**喉嚨**　迴路：**集體／
感受**

星象期間：**巨蟹座** ♋
　　　　　獅子座 ♌

星象位置：

　　　26°22'30" ♋ – 02°00'00" ♌

1爻：26°22'30" ♋ – 27°18'45" ♋

2爻：27°18'45" ♋ – 28°15'00" ♋

3爻：28°15'00" ♋ – 29°11'15" ♋

4爻：29°11'15" ♋ – 00°07'30" ♌

5爻：00°07'30" ♌ – 01°03'45" ♌

6爻：01°03'45" ♌ – 02°00'00" ♌

透過說故事以及投入生命來測試人類的體驗，
你能夠琢磨自身觀點並展開新的循環。
由於擴張性的信念，以及這些信念被運用與吸收的方式，
有可能使「生命的循環」變成了「生命的螺旋」。

分心
陰沉 <> 過度興奮 ⟶ 充實 ⟶ 陶醉

56.1 刻意：避免分心，並且順利遊歷人生。

刻意地投入你的人生與否，決定了你所有人生體驗的價值。

☾：以你的方式和你的步調來與個人利益相關的事物連結。

♂：你的言論可能大多展現逃避主義，想要避免為所說的話承擔任何個人的責任。

56.2 歡迎：如果你信任自己，你便有天賦能夠提升你的世界。

留意你世界中的光明，你會發現他人是如何看待人生的。

☊：在你的生命中創新地做連結，能在有需要的時刻帶來欽佩與協助。

☾：你對說故事的熱情，可能讓你忽視了聽眾的需求和期待。

56.3 周密完善：檢視所有的固定信念。

你會檢視並更新你的信念，抑或輕忽這些信念與你人生的關連性。

☉：你帶著確信表達你的信念，而且你有能力隨著時間調整這些信念。

♀：如果你相信你的真實和諧存在他處，你就會一直焦躁不安。

56.4 衡量：以你的人生歷程來校準你的信念。

你對自己在任何時刻說的話都很留意，而且準備好透過談話來擺脫麻煩。

☾：你對當下的氣氛很敏銳，知道在當下能夠輕鬆溝通哪些事情。

☿：你對於需要表達什麼感到困惑，這可能讓你很難去表達自己。

56.5 說故事：吸引人們來聆聽你的故事和冒險。

你在串連有價值的想法方面非常清晰，或者會變得自負而迷失方向。

☊：透過你的創新能力與描述，你能夠輕易地與他人達成共識。

♂：你強力展現挑釁態度，可能造成他人不舒服的感受。

56.6 重新檢視：評估真實事物的界線。

你的信念形塑了你對現實的認知，為體驗賦予了某種特質。

☉：你經歷並說出你的內在信念，作為你持續變動的現實。

☋：對於任何持續一致的信念感到不自在，你會刻意地混淆這些信念。

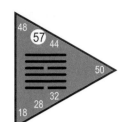

閘門
57

巽 柔和
直覺（穿透的風）
你溫柔地前進，同時留意自身直覺的
清晰。

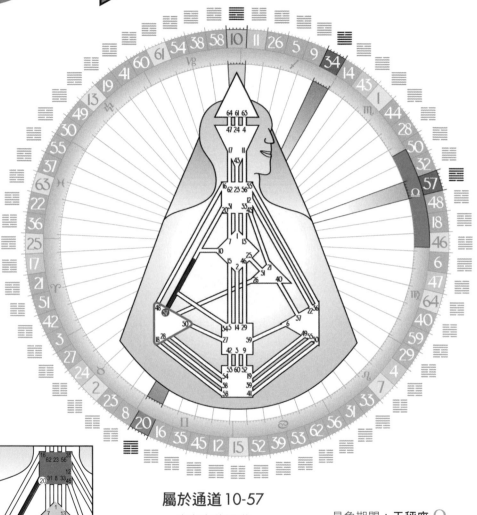

屬於通道 10-57
生存力的通道

屬於通道 20-57
衝動的通道

屬於通道 34-57
力量的通道

中心：脾　　迴路：個體／
　　　　　　　　　知曉

星象期間：天秤座 ♎
星象位置：
　　　15°07′30″ ♎ – 20°45′00″ ♎
1爻：15°07′30″ ♎ – 16°03′45″ ♎
2爻：16°03′45″ ♎ – 17°00′00″ ♎
3爻：17°00′00″ ♎ – 17°56′15″ ♎
4爻：17°56′15″ ♎ – 18°52′30″ ♎
5爻：18°52′30″ ♎ – 19°48′45″ ♎
6爻：19°48′45″ ♎ – 20°45′00″ ♎

你能夠連結聲音震動的感受，
此感受能夠穿透各種讓人分心的事物，直指真相。
練習感知直覺，基本上就是：
「在你之內，根據你所聽見的東西（直覺）來教導自己。」

不安
躊躇 <> 魯莽 ⟶ 直覺 ⟶ 清晰

57.1 保持冷靜：最大的煩擾通常隱含著最愚蠢的事物。

你允許你的直覺穿透困惑，抑或被混亂給淹沒。

♀：你能在你的聽覺和諧中察覺到煩擾，但不會因此分心。

☾：你可能受到混亂情況的干擾，喪失了你的直覺能力，變得猶豫不決。

57.2 滲透：辨識隱藏的目的。

你的直覺能夠貫穿其他感官中隱含的意義，讓你能夠高尚地採取行動，但也可能不會。

♀：你的和諧本質自然而然地豐盛了你的清晰與美德。

☾：你的陰晴不定讓你忽視了直覺對自身根本動機的覺察。

57.3 覺察：與振動頻率敏銳地調和。

發現自己沉浸在純粹的覺知裡，有時甚至定格在其中。

☿：你有能力透過純粹的直覺，調和並連結你對生命的洞察。

♆：你深刻的直覺天賦有時會讓你超越現實，進入幻想的領域。

57.4 無畏：清晰的直覺看得很遠，而且不應臣服於恐懼。

你考量到每個人的需求，深刻地和自身以及他人的人生協調同步。

♀：你直覺地知道並且配合每個人的道路與想望，甚至是在他人意識到他們的這些渴望之前。

♂：你根據自己的直覺倉促行動去引導他人，有時會對他人「侵門踏戶」。

57.5 溫和：與生命中每個當下的景況協調同步。

你會刻意地評估你的直覺，或者不顧一切地猛然前進，並且面對其結果。

☊：你總是能認知到轉變和信任直覺之間的直接關連。

☾：你的陰晴不定狀態可能對事件無力招架，造成你忽視了新的直覺訊息。

57.6 慎重：抑制與手邊事情相關的直覺。

你可能有自信相信直覺所告訴你的並且採取行動，但也可能沒有信心。

♅：你有著非凡的直覺天賦，能夠察覺用其他方式無法察覺的事物。

♂：你因為害怕自己很無助、無法解決困難的狀況，以致被驅動著倉促採取行動。

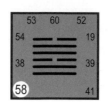

兌

愉悅
生命活力
感激喜悦人生的偉大力量與樂趣。

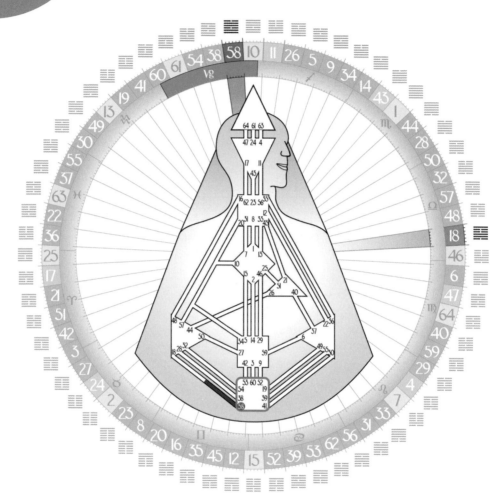

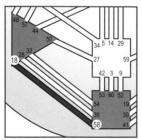

屬於通道18-58

評判的通道

中心：根　　**迴路：集體／**
　　　　　　　　　　　邏輯

星象期間：**摩羯座 ♑**
星象位置：

　　　　03°52'30" ♑ – 09°30'00" ♑

1爻：03°52'30" ♑ – 04°48'15" ♑
2爻：04°48'45" ♑ – 05°45'30" ♑
3爻：05°45'00" ♑ – 06°41'45" ♑
4爻：06°41'15" ♑ – 07°37'00" ♑
5爻：07°37'30" ♑ – 08°33'15" ♑
6爻：08°33'45" ♑ – 09°30'00" ♑

在所有成長與努力的根基上，
皆可看見生命活力的火花，這火花可被描述為喜悅。
在生命的一切運作中，喜悅的存在，
是要協助我們找到自身細微的獨立驅動力去參與生命。

不滿意
不快樂 <> 干涉 ⟶ 生命力 ⟶ 喜樂

58.1 協調：讓你的人生和你自發性的愉悅本質保持一致。

透過無憂無慮地活著，你給自己和他人都帶來喜悅。

♀：當你連結內在的和諧時，你也給所有人帶來了喜悅。

☾：你變動的情緒週期會自然地走過喜悅與悲傷的循環。

58.2 向前看：與你的內在喜悅調和，能吸引有趣的活動。

你的內在平靜創造了外在的喜悅，或者你可能只是尋求刺激感以作為逃避的方法。

♀：你細細品味內在喜悅與外部刺激之間的和諧平衡。

☊：你會吸引不尋常的事物，很容易找到一些顯然缺乏持久價值的活動。

58.3 刺激：要吸引世俗的享樂，需要強大的內在選擇性。

強烈的刺激感存在於你之內，抑或反映在世俗的樂趣當中。

☊：你的創新本質給了你很大的消遣娛樂，激化你的內在核心。

♂：靜不下來而且受到世俗樂趣的吸引，你會忙於一個接著一個令人分心的事物。

58.4 自發：迅速地辨識出令人喜悅的激勵。

你找到絕對有益的刺激，或者沉迷於各種事物中而耗盡了能量。

☋：你在多樣化且戲劇性的環境中感到自在，能夠辨別對你有益的事物。

♆：你可能迷失在要挑選什麼刺激，並且做出會讓你精疲力竭的決定。

58.5 分離：很清楚你內在的需要與想要。

你可能很清楚瞭解你的關係連結，或者可能傾向信任每個人，因而受到誤導。

☾：你對他人的開放性會受到抑制，因為你會隨時照顧好自己。

☉：你的開朗本質會開放地信任每個人，如果你不留意這點，就會經常感到失望。

58.6 吸引：把各種刺激吸引到你身邊。

沉迷於外在分心事物成為了生活的方式，你會受到他人怪異念頭的影響。

☾：如果你將內在世界與外部刺激連結，你就不會偏離自身的喜悅。

☿：刺激的興奮感是如此強烈，以致你迷失其中，變得瘋狂地活躍。

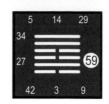

渙 親密
散布、基因策略、性

化解隔閡，我們便能合而為一。

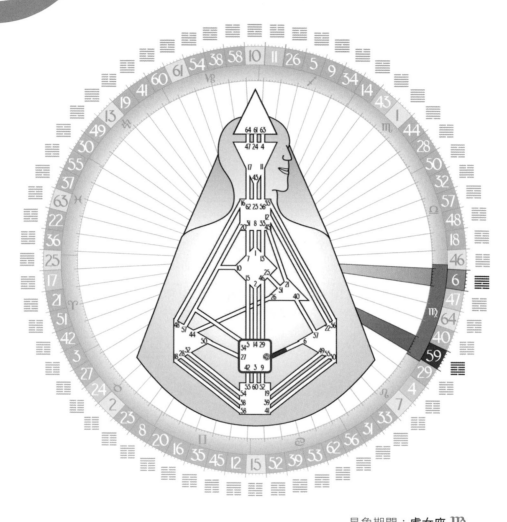

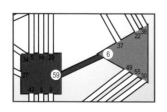

屬於通道 59-6

親密的通道

中心：薦骨　　迴路：部落／
　　　　　　　　　　防禦

星象期間：處女座 ♍

星象位置：

00°07′30″ ♍ – 05°45′00″ ♍

1爻：00°07′30″ ♍ – 01°03′45″ ♍
2爻：01°03′45″ ♍ – 02°00′00″ ♍
3爻：02°00′00″ ♍ – 02°56′15″ ♍
4爻：02°56′15″ ♍ – 03°52′30″ ♍
5爻：03°52′30″ ♍ – 04°48′45″ ♍
6爻：04°48′45″ ♍ – 05°45′00″ ♍

透過基因驅動的互動來做連結，
能夠帶來親密、開放，以及生命所有領域中最深層的結合。
不論我們是否願意承認，
我們都是透過人類親密關係所孕育並誕生到這世界上。
薦骨將我們與神聖連結。

不誠實
排斥 <> 侵入 ⟶ 親密 ⟶ 具透明度

59.1 穿透：唯有透過互動才有可能帶來進化。

你果決地回應互動的機會，或者可能因為猶豫而錯失你的機會。

☉：你開朗的本質會帶你穿越任何途徑以進入親密關係。

☿：在親密關係中出現糾葛，你對於何時互動以及如何互動變得不確定。

59.2 加入：內在的分離，但也可能為深刻的親密關係而開啟。

你天生傾向與他人隔離，最終會找到方式輕鬆與他人相互連結。

⚷：你對親密關係有著創新、甚至不尋常的方式，協助他人在其生命中進化。

☋：你深刻專注自我的本質，可能讓你和他人保持一定的距離。

59.3 連結：透過觸發互動來服務你自己和你的世界。

你對於回應各種夥伴關係與親密關係保持開放態度。

♄：有明智的本質能找到親密關係作為你靈性的滋潤。

♂：積極地在任何情境中尋找結合與親密關係，有時會變得淫亂。

59.4 友善：開放的與任何人友好。

你的親密關係建立在友誼之中，你的友誼會隨著時間而增強或淡化。

♀：你會促進能夠化解現有隔閡並且超越傳統的友誼。

☿：你混淆了自身的親密角色，可能冒險進入不必要的熱切關係中。

59.5 結合：有天分活絡所有的互動。

你能感受到他人的需求，透過愛、尊重和性來提升親密關係。

☉：你有著強大的力量去鼓勵每個人找到共識與結合。

⚷：你以創新的方式化解自身與他人的親密隔閡。

59.6 辨別：在親密關係中，你非常講究和挑剔。

你會隨著時間發展出一種感受，決定你的親密關係要如何進行、何時進行、和誰進行、以及適合哪些東西。

♀：你找到內在的認知，知道你要在親密中感到滿足，需要什麼樣的和諧關係。

♀：你會找某種理由來限制自己實現深刻的親密關係。

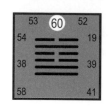

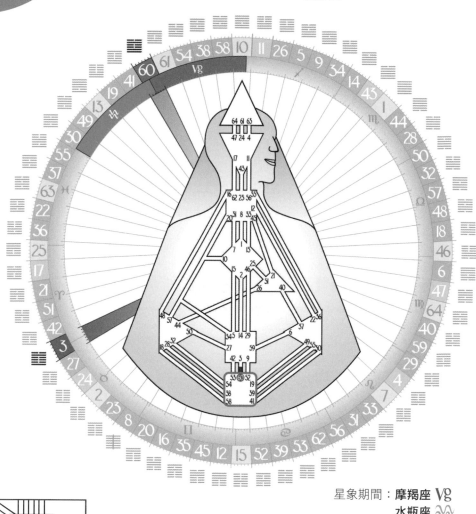

閘門
60

節 限制
約束、接受

接受限制能帶來流動與昇華的可能性，並且找到重新解決（舊）問題的新方式。

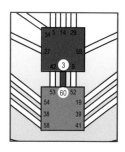

屬於通道 3-60
突變的通道

中心：**根**　　　迴路：**個體／知曉**

星象期間：**摩羯座** ♑
　　　　　水瓶座 ♒
星象位置：

26°22′30″ ♑ – 02°00′00″ ♒

1爻：26°22′30″ ♑ – 27°18′45″ ♑
2爻：27°18′45″ ♑ – 28°15′00″ ♑
3爻：28°15′00″ ♑ – 29°11′15″ ♑
4爻：29°11′15″ ♑ – 00°07′30″ ♒
5爻：00°07′30″ ♒ – 01°03′45″ ♒
6爻：01°03′45″ ♒ – 02°00′00″ ♒

60.1 通融：承受壓力時，信任你自身的尊嚴。

面對約束時，你會保留自身的力量與選項，抑或變得非常不安。

♀：你內在的和諧認知到，守在自行設下的界線內會有益處。

☿：當你誇大了對外在限制的擔憂，你會變得緊繃且焦躁不安。

60.2 找到優勢：能夠知道那些約束是否帶來了不必要的限制。

你可能抓住時機採取行動，也可能覺得絕望受限、無法自由行動。

♄：你有紀律的本質能夠適應約束，而且仍舊準備好要採取行動。

⊕：你深陷約束之中，使你變得猶豫不決且無法動彈。

60.3 自我放縱：透過超越你自身的合理限制來學習。

認知到你的限制，你可能會約束自己，或者也可能魯莽地推進，因而付出代價。

♄：當你知道自己的資源有限時，你會嚴守紀律來約束自己。

♂：你傾向尋求他人的關注與認可，不顧你自身的真正理想。

60.4 延伸：利用限制作為成長的自然跳板。

你能有效地克服所有約束，或者當你無法用自己的方式前進時會變得抑鬱沮喪。

☿：你投入自己，以直接面對的方式去善加利用任何情況。。

♀：如果你試著要維持和諧，而非超越生命的限制，你可能很容易變得氣餒。

60.5 找到內在獨立：接受任何限制必定會帶來很好的效果。

你開放地活在對你自己或他人都可接受的約束內，或者變得虛偽。

♆：你的直覺本質知道對你自己和他人都可接受的自然界線為何。

♃：你的擴張本質難以為自己和他人定義適當的界線。

60.6 理想主義：在放縱與不合理的約束之間取得平衡。

你知道強加任何過度的約束在你和他人身上會帶來憤恨。

☊：你處理約束的創新方式，使約束變得較容易被接受。

☿：你因為強加的限制而無法招架，可能變得抑鬱沮喪。

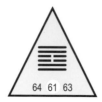

64 61 63

中孚 內在真理

真摯、神祕

你最深沉的真摯將你推向你所知的真實。

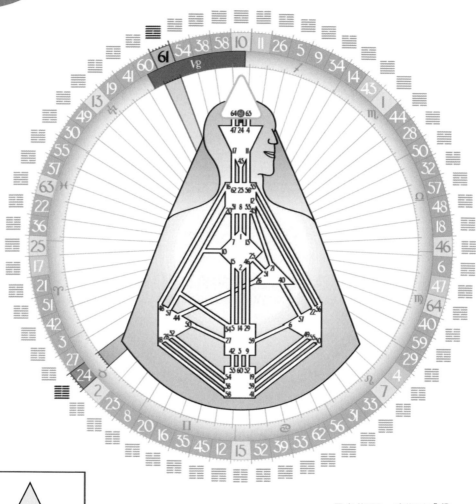

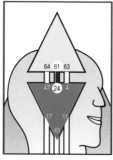

64 61 63

47 | 24 | 4

屬於通道61-24

思想家的通道

中心：**頭頂**　　迴路：**個體／知曉**

星象期間：**摩羯座 ♑**

星象位置：

　　　　20°45'00" ♑ – 26°22'30" ♑

1爻：20°45'00" ♑ – 21°41'15" ♑
2爻：21°41'15" ♑ – 22°37'30" ♑
3爻：22°37'30" ♑ – 23°33'45" ♑
4爻：23°33'45" ♑ – 24°30'00" ♑
5爻：24°30'00" ♑ – 25°26'15" ♑
6爻：25°26'15" ♑ – 26°22'30" ♑

想要知道的壓力……並且最終體悟到，
你的想法能夠帶領你一窺真相，但卻無法抓住真相。
真理在平靜的心智中浮現。

精神失常
不著迷 <> 瘋狂 ⟶ 靈感 ⟶ 聖潔

61.1 擁有洞見：默默地允許你的敏銳靈性協調發揮。

你有能力深入探究生命的部分內在運作。

Ψ：你的神祕本質能夠協調連結許多宇宙和世間的真相。

♀：如果你太過急切地想與神祕領域連結，你會和日常的現實脫節。

61.2 閃耀光芒：在任何事物裡找到真理脈絡。

你可能有著內在的發展能夠控制住強大的靈感啟發，也可能沒有。

☾：你有天賦能夠透過與自身清晰的安康狀態同調來啟發他人。

♂：你知道自己有閃耀的光芒，但難以應對他人的賞識。

61.3 持續仰賴內心：忠於自己的人生。

你在所有的互動中都能信任自己，但也認知到自己很容易受到他人影響。

☾：你會親近任何能夠允許你的真實與靈感發展茁壯的關係。

♂：他人很容易誤解你，而你也經常發現自己遭到疏離。

61.4 守住更高的真理：依循自身的清晰，在他人身上找到有共鳴的真理。

你會在任何情境中尋找真理，不論你是受到內在的啟發或是受到他人的啟發。

♄：你的律己本質讓你無論如何都維持在自己的道路上，直到真理顯現。

♃：任何向外尋求真理的嘗試，最終都會讓你心灰意冷。

61.5 足智多謀：透過對真理的創新詮釋來集結眾人。

你會遵循自身原則，將真理傳遞給他人，不論他人是否容易接受。

♄：你有自律和才智能夠知悉真理，不受他人是否接納所影響。

♂：你堅持你對人生的態度以及對真理的詮釋必須被接納。

61.6 富洞察力：對真理的普世表達未必會受到認同。

透過個人經歷來表達你自身的真理，有可能務實地啟發他人，也可能不會帶來啟發。

☉：真誠地調整你的真理成為明確的現實，能對他人產生極大的影響。

♂：強迫他人接納你對真理不切實際的理解，會疏遠了他人。

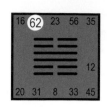

小過 表達細節

澄清

當你表達與定義對現在和未來有價值的細節時，都會引起波瀾。

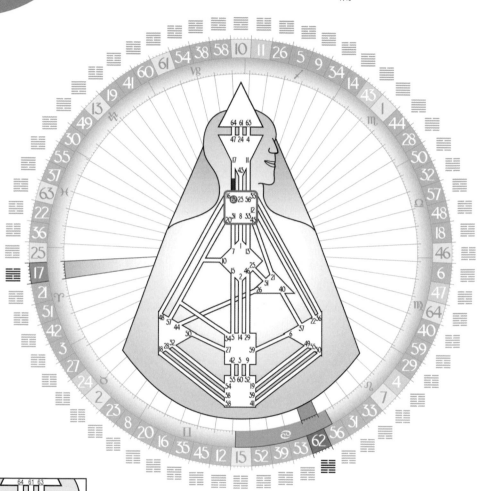

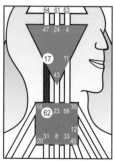

屬於通道 17-62

組織力的通道

中心：喉嚨　　迴路：集體／
邏輯

星象期間：**巨蟹座** ♋

星象位置：

　　　　20º45'00" ♋ – 26º22'30" ♋

1爻：20º45'00" ♋ – 21º41'15" ♋
2爻：21º41'15" ♋ – 22º37'30" ♋
3爻：22º37'30" ♋ – 23º33'45" ♋
4爻：23º33'45" ♋ – 24º30'00" ♋
5爻：24º30'00" ♋ – 25º26'15" ♋
6爻：25º26'15" ♋ – 26º22'30" ♋

透過留意所有適切相關的細節，
才有可能發揮你符合邏輯的組織生命中一切事物的能力。
當你表達邏輯的想法時，並不表示這些想法一定是完全正確的，
也不表示這些想法都需要付諸行動……它們都只是邏輯的想法而已。

才智
執著 <> 學究 ⟶ 精確 ⟶ 完美無瑕

62.1 務實：朝著可達成的以及符合的事物進行。

若你把自己集中在生命中必要的細節上，你便已準備好迎接許多挑戰。

Ψ：你的想像力天賦總是會強化你生命中潛在的世俗層面。

♂：你將自身的計畫以行動來表示，可能會把你帶進麻煩裡。

62.2 通情達理：伸出援手與尋求援助。

如果你以自身的方式勤奮不懈，你總是能找到所需的協助。

♃：保持在自身的運作裡，你能給予有需要的人協助，並且獲得他人提供的協助。

☿：當你認為自己受到傳統束縛時，會有著難以抑制的焦慮。

62.3 謙虛：認知到有需要抑制過度自信的傾向。

你有良好的判斷力、常識且隨時有所準備，總是能在艱難的處境中全身而退。

☊：創新與認真讓你能在生命的各個層面找到相應的細節。

♀：將你對和諧的需求強加在所有其他的事物上，可能造成你不講理的行為。

62.4 耐心：仔細留心有原則的機會。

你接受保持謹慎的必要，特別是在你認為自己是正確的情境下。

♀：透過你獨特的敏感性，你能夠觀察生命如何透過審慎的干預而強化。

☋：你在生命的各個領域看見轉變的方式，因此推促著能有獨斷行事的機會。

62.5 體貼：計畫、準備與表現。

當一切到位時，會有個時間點能夠辨別事情何時會進展以及如何進展。

☾：當你穩定地從一個狀態移動到另一個狀態，你的細節將會與結果相符。

Ψ：你經常準備好要在生命中往前走，但仍舊持續迷失在自己的想像裡。

62.6 接受限制：在你所有的努力中都能認知到實際的限制。

如果你想要在自己的能力範圍內做互動，你就需要有所保留。

♄：當面臨生命中的限制時，你的自律能讓你對自身的意向保持清晰。

☿：你有聰明才智能夠察覺你的限制，但經常缺乏意圖加以維持。

64 61 63

既濟 懷疑

關鍵性的洞察（完成之後）

在持續改變的世界裡，要不斷更新你的觀點。

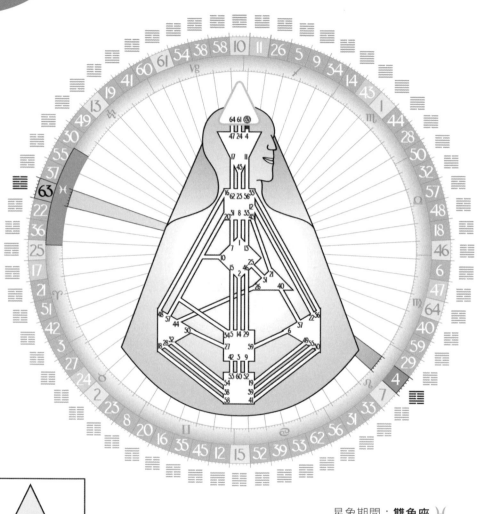

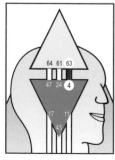

屬於通道 63-4

邏輯思考的通道

中心：**頭頂**　　迴路：**集體／邏輯**

星象期間：**雙魚座 ♓**
星象位置：

	11°22'30" ♓	– 17°00'00" ♓
1爻：	11°22'30" ♓	– 12°18'45" ♓
2爻：	12°18'45" ♓	– 13°15'00" ♓
3爻：	13°15'00" ♓	– 14°01'15" ♓
4爻：	14°01'15" ♓	– 15°07'30" ♓
5爻：	15°07'30" ♓	– 16°03'45" ♓
6爻：	16°03'45" ♓	– 17°00'00" ♓

你擁有批判性的洞見，而此才能需要持續緩和並與當下的環境同調。
要達到實現滿足，就必須認知到，
所有事物最終都會來到正確的位置和次序……
而且沒有人喜歡被點名批評，即使你有壓力要去評論他們的人生。

疑慮
自我懷疑 <> 猜忌　　⟶　　探究　　⟶　　眞理

63.1　調查：不斷地檢視你的境況。

當你的成就帶來的影響變得顯著時，你可能保持沉著，也可能不再鎮靜。

☉：你不會受到伴隨成就而來的壓力過度干擾。

♂：在持續分析自己人生的情況下，你似乎仍舊追逐著不必要的成就。

63.2　有所保留：持續堅定追求個人誠信的人生。

你在艱困時期仍舊忠於自身的目標，不論是否能讓人欽佩。

♃：你能夠和他人分享你的懷疑，同時絕不放掉自身與生俱來的人生目的。

☋：在艱困時期顯得脆弱，使你有時會懷疑自身以及他人的人生目的。

63.3　恢復活力：在所有事物中考量更高的理想。

你最終找到了達成自身目標的方法，而且知道哪些人事物能夠協助你。

♃：想要達到成的壓力，推促你穿越對自身目標與盟友的深沉懷疑。

♄：追求自身的目標時，你有時會對自己和他人很嚴格。

63.4　清晰：對於可能干擾你的成就的因素保持警覺。

透過向他人描述你的思考過程，能夠及時消除任何懷疑。

☿：你迅速地考量到生命中任何潛在的阻礙，以便能夠輕易化解。

♂：你可能對於解決問題過度有自信，而且有倉促做決定的傾向。

63.5　善行：重視真摯而非炫耀。

如果你能在過程中坦率地檢視你的懷疑與行動，便可能有偉大的成就。

☉：你會執行格外有幫助的計畫，同時會分析過程中的每一個層面。

♂：當你完成了努力的過程，可能很容易會忘記要好好慶祝一番。

63.6　預期：在完成任何事情後，仍保持在當下並且往前看。

把你的腦袋從過去的情境中拉出來回到當下，是一輩子的覺察課題。

♃：當你接受了當前的解方，並將舊有的懷疑拋在腦後，你便能在生命中繼續前進。

☊：如果你堅持反芻舊議題，你會持續以新的方式繞著那些議題打轉。

閘門
64

未濟 **多樣可能性**

困惑（完成之前）

擴張時，並沒有完美的平衡，也沒有絕對的正確，但總有要找到平衡的壓力。

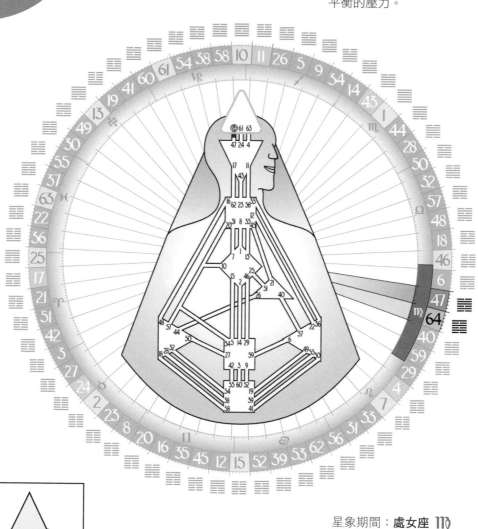

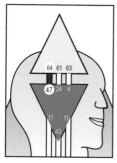

屬於通道64-47

抽象思考的通道

中心：**頭頂**　迴路：**集體／感受**

星象期間：**處女座** ♍
星象位置：

11°22′30″ ♍ – 17°00′00″ ♍

1爻：11°22′30″ ♍ – 12°18′45″ ♍
2爻：12°18′45″ ♍ – 13°15′00″ ♍
3爻：13°15′00″ ♍ – 14°11′15″ ♍
4爻：14°11′15″ ♍ – 15°07′30″ ♍
5爻：15°07′30″ ♍ – 16°03′45″ ♍
6爻：16°03′45″ ♍ – 17°00′00″ ♍

生命以及我們的生存體驗是一趟自我實現的旅程，
不斷朝著終點邁進，進入並穿越新的循環和迴旋。
要為生命找到完美的答案，就好像是看著繁星並試圖選出你最愛的那顆！
生命並不僅止於此！

困惑
模仿 <> 困惑 ⟶ 想像力 ⟶ 光

64.1　轉移：內在決心帶領你走向實現滿足的結果。

全然依賴過去生命經驗的觀點，並不能帶給你滿足。

♀：你的內在和諧能帶來耐心和自制，但並不保證有滿意的結果。

♂：你準備好要在事情看似解決時採取行動，但通常情況並不然。

64.2　奉獻：保持忠於你的內在聲音。

信任你自己並相信自身的運作，讓你能找到清晰並採取行動。

♀：倚靠自身的內在和諧，你在等待事情解決前夕的內在感受。

☾：你和生命中許多層面同調，有時會不必要地過度投入。

64.3　重啟：當舊有方式不再適用時，就重新開始。

在任何努力中，你需要打從一開始就很清晰，並且辨識還有誰一樣清晰。

♄：在你等待新的清晰與觀點時，你會刻意將困惑昇華。

☾：已記不清楚你投入策略卻沒得到滿足結果的次數。

64.4　克服：所有的內在掙扎都需要堅持與決心。

你需要內在原則來超越困惑，並且釐清自己要如何前進。

☾：你檢視所有的生命循環，很肯定自己遲早會有所領悟。

♂：由於頭腦過度活躍，你發現困惑釐清的狀態從來不會持續太久。

64.5　楷模：堅持不懈，內在決心讓你光芒四溢。。

你瞭解到自身的內在光芒可能對外閃耀並消除他人的困惑。

♀：你堅定的內在和諧會向外觸及，化解這世界的困惑。

♃：你看見釐清的可能性，但傾向過度承擔他人的困惑。

64.6　保持清醒：在慶祝成就時仍保持頭腦清晰。

當困惑化解時，你會頭腦清晰地慶祝，或者落入自我放縱當中。

☿：你有耐心的聰明才智，讓你能夠檢視混亂並且找到解方。

♀：你樂於擁抱失序的情況，但最終可能迷失在伴隨而來的混亂之中。

附錄
如何運用本書於占卜？

第一步：準備材料和場所

在這過程中，你會需要：

- 筆記本或日記本，以及一支墨水筆。
- 三枚相同類型的硬幣（不限何種硬幣，只要大小與重量相同即可）。
- 一個舒適、安靜、可以讓你坐下來的地方。
- 一個可以讓你書寫的平面地方。

第二步：問問題

覺察並感受你的問題，要觸及問題的核心。一開始就要清楚地表達問題，這和接收答案同樣重要。舉例來說，如果你想問：「我何時會遇到我的靈魂伴侶？」你可以花一些時間更深入地探索這個問題，你就會看到它充滿各種細微的差異，能夠把問題帶往許多不同的方向。

「爲什麼我的生命都走到這裡了，卻還沒遇到靈魂伴侶？」

「我眞的會有靈魂伴侶嗎？」

「要是我會在未來某個時間點遇到我的靈魂伴侶，是否意味著我們會認出彼此？」

詢問更聚焦的問題，直指事情的核心，可以讓你得到的答案更有可能和你有共鳴，並且提供有價值的指引。

在我們的例子裡，如果你問：「我需要知道、學習或做什麼，才能在未來一年裡吸引我的靈魂伴侶來到我身邊？」你就會接收到更聚焦也更賦予力量的答案。

「是」或「不是」的問題、太過廣泛的問題、或者「二選一」的問題，都沒有幫助。如果你把問題聚焦在某個特定選擇或你自身特定行動的結果上，抑或聚焦在達到某個特定目標或關係的結果上，那麼你獲得的答案就會有更高的關連性，也會更有幫助。

　　一旦你清楚地構思好你的問題，就把問題寫下來，這會有助你把你的意向進一步聚焦在獲得盡可能明確的答案上。

第三步：確立你的意向並保持開放

　　現在你已經清楚構思好你的問題，接著要運用任何你有共鳴的儀式，不論是祈禱、冥想、符號、召喚光明、或者像點蠟燭這樣特定的儀式，將你的意向與之同調，讓你能接收到盡可能最高也最清楚的指引。要請求只接收到對你和相關的人都帶來最大助益的答案。

　　對普世智慧保持開放是很重要的，不要只執著於獲得你希望得到的特定答案或結果。誰知道呢，未來你或許還會遇到更好的呢！

　　放輕鬆投入這個過程，信任自己有能力連結普世智慧與指引。

第四步：擲硬幣

　　我們使用硬幣來代表地球上生命的二元性本質，也就是陰與陽。正面（硬幣上通常印有頭像那一面）是「陽」，反面（硬幣上沒有印頭像那一面）是「陰」。每一次你就某個特定問題詢問《人類圖爻線全書》，你要用三枚硬幣並總共拋擲六次來得出你的答案。而這六次拋擲結果會形成一個卦。

　　心中默想著問題，把三枚硬幣放在手中，兩手合起來完全蓋住硬幣，搖動雙手，然後把硬幣拋擲在硬質的表面上。第一次的拋擲結果代表一爻，也就是一個卦最底部的爻線。拋擲硬幣後，寫下硬幣的陰陽組合，例如：

　　正面代表「陽」，反面代表「陰」。

　　如果你拋擲出**兩個正面和一個反面**，那條爻線就是陽，或是實線：
———————。如果你拋擲出**兩個反面和一個正面**，那條爻線就是陰，或是虛線：—— ——。

　　如果你拋擲出**三個正面或三個反面**，這稱作「轉換線」，你要這樣進行：

　　如果你拋擲出**三個正面**，這條爻線從陽開始，標示為：—— ○ ——「轉換」為陰—— ——。

　　如果你拋擲出**三個反面**，這條爻線從陰開始，標示為：—— × ——「轉換」為陽———————。

不論你是否拋擲出轉換線，第一部分的解讀都是一樣的：

拋擲六次，每次拋擲後都要記錄下來，從下而上，組合每次拋擲出的爻線結果。以下為範例：

我需要知道或做什麼來確保我的新企劃會成功？

6. ▬ ▬
5. ▬ ▬　　　　上三爻
4. ▬ ▬

3. ▬▬▬
2. ▬ ▬　　　　下三爻
1. ▬ ▬

在這個範例中並沒有轉換線，因此你可以直接參考文字內容來獲得解答。

第五步：找到對應的卦並查閱內容

查看封底內頁的圖表，即可找到對應的卦。

每個卦都分成兩組三條爻線：「下三爻」與「上三爻」。在圖表中，「下三爻」置於縱列，「上三爻」置於橫列。

在你的拋擲硬幣結果中找出「下三爻」（從底部算上來），記下那三爻所在的列數（或名稱）。接著，在上排橫列找到對應的「上三爻」。想像從對應的上三爻位置往下畫一條線，一直到與左側下三爻的位置延伸出的橫線交叉，這交叉所在的位置顯示的卦象號碼就是你的答案。

在前面的範例問題中，（左側欄位的艮與上排欄位的坤）兩者交會顯示出的答案是第15卦。

第15卦稱作人性、極端。你可以在本書中找到閘門15，閱讀其意義與註解。

根據這個答案，你被指引要留意自己跟不同的人和生命形式互動時所扮演的角色，這包含個人或社會人際網絡的各個層面裡，進入和走出你生命的所有人。

轉換線

若拋擲硬幣時，有一次或數次出現三個正面或三個反面的結果，這就是所謂的「轉換線」。在這種情況下，要先閱讀原本拋擲結果得出的卦，瞭解當下的情況；接著採取第二個步驟，也就是閱讀詢問的情況或詢問的相關結果會如何展現。以下的例子示範了當你拋擲出一條或數條「轉換線」時該如何處理：

6. ━━━━━		6. ━━━━━
5. ━━━━━	上三爻	5. ━━━━━
4. ━━━━━		4. ━━━━━
3. ━━✕━━	（三個反面）轉換為：	3. ━━━━━
2. ━━━━━	下三爻	2. ━━━━━
1. ━━ ━━		1. ━━ ━━

在這個範例中，3爻從陰轉換為陽，顯示出在閱讀過拋擲結果得出的卦後，接下來要閱讀哪個卦。

1. 閱讀第一個卦，在此範例中是第6卦：**衝突解決、情緒平衡**。按照一般方式閱讀其意義與註解，瞭解其對問題的整體反映。然後由於轉換線是3爻，因此閱讀那條爻線的敘述：第6卦3爻：
   「**6.3 有所保留：透過扮演被動的角色，衝突通常就能解決。**
   透過帶著警覺做出承諾與打破承諾，達到情緒清明。」
2. 接下來，閱讀轉換線所產生的第一個卦。在這個例子中，第6卦帶著3爻轉換線，會變成第44卦：**模式、相遇**。閱讀整個敘述來瞭解問題中的情況會如何發展和呈現。內文中包含了針對你提問問題的最終答案或結果。

如果有超過一條轉換線，務必要閱讀原本卦象中轉換線所在的所有爻線內容，以及整體註解，然後再繼續閱讀下一個卦。例如，如果在上面的例子裡，你多了一條轉換線，因為你拋擲出了：

6. ———	上三爻		6. ———
5. —○—	（三個正面）轉換為：		5. —— ——
4. ———			4. ———
3. —×—	（三個反面）轉換為：		3. —— ——
2. —— ——	下三爻		2. —— ——
1. —— ——			1. —— ——

　　在這個例子中，我們同樣從第6卦開始，但除了3爻由陰轉為陽（標示為「×」），我們還有5爻轉換線由陽轉為陰（標示為「○」），因此下一個要閱讀的卦就成了完全不同的卦。

　　在這個情況中，你要先閱讀第6卦與其註解，然後閱讀6.3爻辭與註解以及6.5爻辭與註解，接著轉為閱讀由這兩條轉換線形成的卦，也就是第50卦。

第六步：詮釋答案

　　《人類圖爻線全書》可用來作為解讀人類圖時的指引，也可單獨作為現代預言，用來清晰反映普世智慧的觀點，應用於我們現代的環境裡，並提高個人的覺察發展。話雖如此，它仍保有作為神諭的原始天賦，也因此，它的答案是以象徵的形式呈現，設計來激發你的無意識、潛意識和超意識心智，為你的人生帶來更廣闊的觀點。

　　要從《人類圖爻線全書》提供的答案中完整獲益，就要依照建議展開整個過程，透過「設置空間」，對神聖智慧敞開心胸，並且對普世通用語言變得有接收性，如此，內文的意思就會在你閱讀時「啟發你」，而且可能在你詢問問題後的接下來幾天內持續揭露更多細節。有時，你可能會感覺自己的問題沒有獲得直接的解答，但如果你保持開放的態度，你就會發現《人類圖爻線全書》已經讓你一窺更深層的理解，或者「提點」了一個你很可能會完全忽視的情況。

上三爻 ▶ 下三爻 ▼	乾	震	坎	艮	坤	巽	離	兌
乾	1	34	5	26	11	9	14	43
震	25	51	3	27	24	42	21	17
坎	6	40	29	4	7	59	64	47
艮	33	62	39	52	15	53	56	31
坤	12	16	8	23	2	20	35	45
巽	44	32	48	18	46	57	50	28
離	13	55	63	22	36	37	30	49
兌	10	54	60	41	19	61	38	58

致謝

我要感謝所有信任我爲他們做解讀的人，以及那些提供了自身眞知灼見的人。你們的見解都已交織在本書的內容裡。

若沒有遇見奧修，我很難想像自己會在生命中做出不一樣的選擇。

我要把最大的感謝與致意獻給拉・烏盧・胡（Ra Uru Hu），他不屈不撓地經受住承接人類圖資訊的痛苦過程，並且開啓了將人類圖作爲第一個國際語言引介給世界的大門。

誠心感謝亞歷山大・羅伯茲（Alexander Roberts）（www.thesetupgraphics.com）協助我堅持住對這本書的願景，而且極爲有耐心地製作書中出色的插圖與版面。

在玩味《易經》多年間，我反覆閱讀過許多不同的詮釋，試著萃取出蘊含在我們生命中各種密碼與圖像裡的內在意義。我不認爲自己是研究《易經》的學者，但我在其中蘊藏的智慧裡得到了許多大力的支持、鼓勵和指引，而我也很感激每一位前輩爲這份令人驚奇的知識賦予了眾多豐富的詮釋。

對於那些想要更深入探索《易經》這門知識領域的人們，我要介紹給你們我的好友理查・拉得（Richard Rudd）的著作《基因天命》（Gene Keys）。

國家圖書館出版品預行編目（CIP）資料

人類圖爻線全書：認出隱藏潛力，64閘門與384條爻辭典 /
謝頓・帕金（Chetan Parkyn）著；王冠中譯. -- 初版. --
臺北市：橡實文化出版：大雁出版基地發行，2021.12
　面：　公分
譯自：The book of lines : a 21st century view of the I ching,
　　　the Chinese book of changes
ISBN 978-986-5401-96-2（平裝）

1.易占

292.1　　　　　　　　　　　　　　　　　　110017121

BC1100

人類圖爻線全書：
認出隱藏潛力，64閘門與384條爻辭典
The Book of Lines: A 21st Century View of the I Ching, the Chinese Book of Changes

作　　者	謝頓・帕金（Chetan Parkyn）
譯　　者	王冠中
責任編輯	田哲榮
協力編輯	劉芸蓁
封面設計	斐類設計
內頁構成	歐陽碧智
校　　對	吳小微

發 行 人	蘇拾平
總 編 輯	于芝峰
副總編輯	田哲榮
業務發行	王綬晨、邱紹溢、劉文雅
行銷企劃	陳詩婷
出　　版	橡實文化 ACORN Publishing
	地址：231030 新北市新店區北新路三段207-3號5樓
	電話：（02）8913-1005　傳眞：（02）8913-1056
	網址：www.acornbooks.com.tw
	E-mail信箱：acorn@andbooks.com.tw
發　　行	大雁出版基地
	地址：231030 新北市新店區北新路三段207-3號5樓
	電話：（02）8913-1005　傳眞：（02）8913-1056
	讀者服務信箱：andbooks@andbooks.com.tw
	劃撥帳號：19983379　戶名：大雁文化事業股份有限公司

印　　刷	中原造像股份有限公司
初版一刷	2021 年 12 月
初版四刷	2024 年 9 月
定　　價	580 元
I S B N	978-986-5401-96-2

THE BOOK OF LINES by Chetan Parkyn
Copyright © 2012 Chetan Parkyn
Published by arrangement with Chetan Parkyn, Energy Transformation Systems through Bardon-Chinese Media Agency.
Complex Chinese translation copyright © 2021 by Acorn Publishing, a division of AND Publishing Ltd.